朝日新書
Asahi Shinsho 917

高校野球　名将の流儀

世界一の日本野球はこうして作られた

朝日新聞スポーツ部

朝日新聞出版

はじめに

ＷＢＣの興奮がいまだに冷めません。

第5回を迎えたワールド・ベースボール・クラシック（ＷＢＣ）は２０２３年3月21日（現地時間）に米フロリダ州で決勝があり、日本が米国を3－2で破って世界一に輝きました。日本にとっては第1回（２００６年）、第2回（２００９年）大会以来、14年ぶり3度目の栄冠です。

栗山英樹監督のもと、全選手・スタッフが一丸となって戦う姿に、日本中が感動し、歓喜の瞬間に沸き立ちました。

メキシコに逆転サヨナラ勝ちした準決勝の試合前、日本代表チームの恒例となった「声出し」で、チームの精神的支柱となっていたダルビッシュ有選手（パドレス）が言っていました。

「このチームでできるのはあと少し。今日が最後になるのはほんとにもったいないので、みんなで全力プレーをしてメキシコ代表を倒して明日につなげましょう」

まるで高校野球みたいじゃないか。

そう感じた人も少なくなかったのではないでしょうか。


ダルビッシュ選手（宮城・東北）も大谷翔平選手（岩手・花巻東＝エンゼルス）も、吉田正尚選手（福井・敦賀気比＝レッドソックス）も村上宗隆選手（熊本・九州学院＝ヤクルト）も、かつては甲子園に憧れる野球少年であり、甲子園を目指す高校球児でした。米カリフォルニア州で生まれ育ったラーズ・ヌートバー選手を除く選手の全員が、負けたら終わりという壮大なトーナメントで開催される夏の高校野球を体験しています。

カリフォルニア育ちのヌートバー選手も、少年時代に日本の高校野球に触れています。日米親善高校野球大会に参加する日本代表チームの高校球児2人が自宅にホームステイし、自身も親善試合でボールボーイを務めているのです。

ちょうど第1回WBCが3月に開催された2006年の夏のことでした。それ以来、ヌートバー選手は日本代表としてWBCに出場することを夢見るようになったそうです。

「高校野球は日本の野球文化の骨格なんです」

元巨人監督の長嶋茂雄さんが語ったことがあります。

日本の野球人は多感な青春時代の3年間を、高校野球という日本独自の文化の中で過ごし、次のステージへと巣立っていきます。

その濃密な時間をともにするのが仲間たちであり、彼らを指導する監督や顧問の先生です。

村上選手の逆転サヨナラ二塁打で日本がメキシコを破ったWBCの準決勝。その直後に、九州学院高校で彼を指導した坂井宏安さんに会いました。

「みんな調子が悪いとか言うとったけど、おれはちっとも心配しとらんかったよ。昔から1回戦、2回戦では打たんでも、大事なところで打つのがムネ（村上宗隆の愛称）だからね」

坂井さんは当然のことのように話し、「ムネは決勝でも打つんじゃないかな。ホームランが出るかもしれんね」と予言しました。

村上選手が米国との決勝で同点本塁打を放ったのは皆さんもご存じの通りです。

坂井さんは入学直後の村上選手に「お前はゴロを打ったらダメですよ。高いフライを打ちなさい」とアドバイスしています。「中途半端な高さはダメですよ。内野に高いフライが上がれば上がるほどいいよ」

村上という将来性豊かな選手を、でっかく育てようと考えたからだそうです。

準決勝、決勝で日本の二塁を守った山田哲人選手（ヤクルト）は、中学時代はそれほど目立つ選手ではありませんでした。履正社高校（大阪）で実力を伸ばし始めましたが、監督として指導した岡田龍生さんは「物足りなさを感じる生徒やった」と振り返ります。刺激を与えるため、あるOB選手との時間をつくりました。

すると、「ホンマに山田か?」というぐらい人が変わったそうです。

「選手は十人十色。それなのに指導方法が十把一絡《じっぱひとから》げではいけません」

横浜高校（神奈川）の監督として、WBC第1、2回大会MVPの松坂大輔さんら多くの好選手を育てた渡辺元智さんは語っています。

「選手はロボットではありません。自由に歩かせるからこそ、つまずきます。失敗に気づくことに、野球の楽しさがあります」

そう話すのは興南高校（沖縄）監督の我喜屋優さんです。WBCメンバーの宮城大弥選手（オリックス）にも、フォームについてアドバイスしたことはないといいます。

本書は朝日新聞と朝日新聞デジタルで連載している「高校野球（名将）メソッド」をまとめたものです。

高校野球を取材していると、監督がいろんな言葉や手法を使い、選手を指導している場面に立ち会うことができます。ものすごい熱量を感じることも多くあります。

あの選手には、どんなアドバイスをしたのだろう。

あの選手は、どうやって成長していったのだろう。

技術面より、その人間性をどのように高めていったのか。

その過程を教えていただきたい。

監督さんたちの話は、自己啓発・人材育成、子育てのヒントにも、きっとなるはずだ。

そんな思いでスタートした企画です。

今回は13人の監督のシリーズをご紹介します。皆さんがよくご存じの選手たちの青春時代の秘話を楽しんでいただきつつ、監督さんたちの名言や独自の育成法から何かを感じていただけましたら幸いです。

安藤嘉浩（元朝日新聞編集委員）

高校野球　名将の流儀

世界一の日本野球はこうして作られた

目次

#《九州学院》
坂井宏安監督

［取材・構成　安藤嘉浩］

坂井宏安（さかい・ひろやす）　1957年、熊本県出身。九州学院高―日体大で外野手。銚子商高（千葉）で４年間コーチをした後、84年に母校・九州学院高の体育教諭となる。野球部監督は３年で退任し、空手部などの顧問を務め、４競技で全国大会に出場した。95年に監督復帰後、春夏５回ずつ甲子園に出場。2010年夏はベスト８。吉本亮（ソフトバンクコーチ）、高山久（西武コーチ）、村上宗隆（ヤクルト）らを育てる。20年夏を最後に監督を勇退。23年４月から彦根総合高（滋賀）の学校長兼野球部総監督。

（写真：2010年８月）

真後ろにファウルを打て　ヤクルト村上宗隆を育てた規格外の指導法

プロ野球史上最年少でシーズン50本塁打を達成したヤクルトの村上宗隆選手は、14歳で進学先を即決した。九州学院高校（熊本）の野球部監督だった坂井宏安さんが当時を振り返ってくれた。

実は中学時代のムネ（村上選手）を知らなかったの。うちの卒業生に吉本亮（元ヤクルト）がいるでしょ。1998年にドラフト1位でダイエー（現ソフトバンク）に入団し、いまはコーチをしている。彼のお父さんが監督をしているチームの子だったの。お父さんは私より2歳上で熊本工のOBだけど、すごくかわいがってくれた。それで亮も私に預けてくれた。

ムネもそうだった。

「体がでかくて素質がある捕手がいるのよ」と連絡をくれ、「県外の強豪校からも話が来てるんだが、やんちゃでね。お前じゃなきゃ、育てきれんと思うんだよなあ」と言ってくれた。不良というわけじゃないけど、ガキ大将みたいなところがあったんだな。

それでムネが父親と一緒にグラウンドに来ることになったんだ。中3の夏休みの終わりだった。

私は第一印象を大事にする。制服姿のムネは、すでに身長が181センチ。見るからに野球小僧だった。うちに合うタイプだな、と思った。

ほんの短く話をした。

「先生の野球はな、27球で終わっていい。ストライクが27球来たら、それを全部打つ。四球やエラーでの出塁はいらない。打つのが先生の野球。遠くへ飛ばすのが先生の野球だ」

「色々と考えるだろうが、あっちもこっちも見に行ってみようと思うなら、うちに来なくていいよ。先生と一緒に野球をするなら、2、3日で決めなさい」

のちにお父さんに聞いたら、ムネは私と別れて駐車場に行って車に乗ると、すぐに「九学で野球をやっていい？　坂井先生とやりたい」と言ったという。勧められていた他校には特待生制度があるけど、うちにはない。授業料のことを気にしたんだろうね。

ムネの練習初参加は、確か2015年3月25日。第87回選抜高校野球大会に出場し、熊本に帰ってきてすぐだった。ユニホーム姿のムネを見たのは、その時が初めてだった。着こなしがよかったね。

そして、トスバッティングが抜群にうまかった。近くから軽く投げる相手に、ワンバウンドでテンポ良く打ち返す。ひざを使って柔らかくボールを捉える。体はでかいが、器用な子だと思った。

吉本亮や高山久（現西武コーチ）もトスバッティングがうまかった。ムネも、でっかい選手に育てようと思った。

「お前はゴロを打ったらダメ。フライを打ちなさい」

すぐに、そう話した。

「とにかく高いフライを打つこと。中途半端な高さはダメですよ。内野に高いフライが上がれば上がるほどいいよ。左バッターだから、ショートに高いフライを打ちなさい」

ボールをしっかり捉えていないと、打球は高く上がらない。ミートがうまくて器用な子だから、小さくまとまって欲しくなかった。

練習は自分の技術を磨く場だからね。ヒットもホームランもない。いい当たりをして喜んでいるようではダメなんだ。明確な目的や意識をもって、それを実践できるようにするのが練習だからね。

「今日は前に打たないで、全部ファウルで真後ろに打ちなさい」と指示する日もあった。

投球マシンから出てくる速い球を真後ろに打つのは難しいよ。ボールをよく見て、その下をこするように打つ。真後ろに飛べば、タイミングは合っている。

ノックで高いキャッチャーフライを打つ練習もやらせた。下半身をうまく使わないとできないからね。

1年夏は「4番一塁手」として熊本大会で満塁本塁打も打った。同じ学年の早稲田実

九州学院では捕手だった村上宗隆選手＝2017年7月24日

（東京）の清宮幸太郎君（現日本ハム）が1年生スラッガーとして注目された夏で、ムネも「西の清宮」なんて呼ばれた。

だけど、甲子園では安打を打てず、初戦で敗退。初めての挫折だったかもしれん。

新チームから本来の捕手にした。頭の回転が速く、記憶力もいい。城島健司（元大リーガー）のような打てる捕手になるんではないかという期待感があった。

うちは捕手には、投手のフォームチェックなどの役割も与える。いつも、私がブルペンで指導できるわけではないからね。投手の様子をよく観察し、気づいたことがあれば、それを伝えて一緒に修正する。

もちろん、最初のうちは「フォームが右に傾いているだろ。こういう時は」とか、「ボールが高めに抜けているときは」などと基本的なチェック法を教える。あとは、自分なりの方法を構築していけるように促す。ブルペンでは投手コーチになって欲しいからね。

ムネは相手をよく見とるよ。だから、できる。

そして、独断で走るタイプではなかった。自分なりの対応をした上で、ちゃんと報告や相談をしてくれる子だった。指導者としては、信頼できる捕手だった。捕手としての経験が、打撃にもプラスになったと思うよ。

色んなことができるようになったら、今度は下級生に教える役割も与える。

私はゴルフは下手くそでどうしようもないんだけど、パターでラインを読む時は「反対側からも見ろ」と親友から教わった。反対から見ることで、初めて気づくこともあるんだよね。

ムネは人に教えるのも上手だったよ。

色んな引き出しを高校時代に作ってやって、次の世界に送り出す。それが指導者の役目だと思っているからね。

「分からなければ辞書を引け」　号泣の夏、村上宗隆に師が贈った言葉

2022年に令和初の三冠王に輝いたヤクルトの村上宗隆選手は四球も118個を数えた。「高校時代から選球眼はよかった。ボール球を打ちにいったら、私が怒ったからね」と九州学院高の監督だった坂井さんは語る。

ストライクを打つ。野球というスポーツはよくできていると思うよね。ボール球に手を出したら、ヒットになる確率はグーンと下がるんだから。打ちたい、打ちたいではダメなんだよ。悠然と構えて、本塁ベース上に来た球を打つ。ちゃんと我慢ができるかどうかも、打者は試されている。

ヤクルトでレギュラーに定着したプロ2年目は、まだ自信がなかったんだろうね。

「打たなきゃいかん」という思いで、ボールを追いかけていた。だから、三振が多かったでしょ（184個）。

　プロの投手に慣れるに従い、怖さもなくなっていったんだろうね。人間は自分の方が弱いと思うと、自分から仕掛けようとするでしょ。テレビで見ていて、そういう雰囲気が、3、4年目からなくなったよね。

　高校通算は52本塁打。清宮幸太郎君（東京・早稲田実－日本ハム）の111本に比べたら少ないけど、打席数の半分ぐらいが四球だった。

　ムネ（村上選手）は、ちゃんと我慢ができる生徒だった。もちろん、ボール球に手を出したら、私に怒られるしね。バットを置いて、悠然と一塁に向かっていた。

　ただ、高校最後の夏は苦しんでいた。熊本大会の2回戦は、下級生の本塁打でやっとこさ勝ったの。ムネが下を向いているから、「なにやってんだ」と怒ったんだ。そしたら、「やろうと思っているのに、できないんですよ」と言い返してきた。そういう熱いところがあるのよ。人一倍、責任感が強いからね。

学校のグラウンドに戻ると、「イライラして、すみませんでした」と言いにきた。

「なんで1人で悩むんだ。主将で捕手もして、全部お前がやらなくてもいいだろう。四球で出たら、盗塁して二塁打にすればいい。塁に出るのはいいことじゃないか」

そう話したあと、おまじないをかけた。

「よし、先生がいいことを教えてやるぞ。寝るとき、お前がお世話になっているのは何だ？　ベッドと布団だろ。『よろしくお願いします』と言ってから、今日は布団に入りなさい。そして、『明日はもっと強い男になるぞ』と思いながら寝るんだ。できるか？」

本当にやったかどうかは聞いていないが、2日後の3回戦は一回に先制二塁打を打った。さらに準々決勝では右中間席中段に飛び込む本塁打を打ち、ベンチの私に向かってガッツポーズをしてきたよ。


決勝で敗れて甲子園の夢がついえた日のことも、鮮明に覚えている。試合終了後、ベンチ裏に行っていたようで、しばらく姿が見えなかった。

「どこ行っとったんや。泣いとったんか」

「泣いてません！」

「最後までキャプテンをやれ！」

たぶん、悔しい思いを整理してきたんだろう。分かっていたが、あえて厳しく接した。そのあとのムネは、立派だった。下級生が多いチームだった。後輩たちが泣いているので、ムネはこう言ったんだ。

「お前らが、なんで泣きよっとか？　お前らが頑張ってくれたから、おれら、ここまで来られたんたい」

「3年生のおれたちが悪い。お前たちはよう頑張ってくれた」

「(優勝した秀岳館ベンチを指さして）見てみ。あんなに喜んどるぞ。はしゃいどるぞ。来年は、お前たちがああなってくれ。ありがとう。泣くな」

閉会式のあと、学校のグラウンドに戻ってミーティングをした。終わっても、ムネだけ帰らんかった。そして、ウォンウォン泣き出した。「ぼくは先生ともう1回、甲子園に行きたかったです」と言いながら。

ヤクルトから1位指名され、胴上げされる村上宗隆＝2017年10月26日

「ムネ、ありがとうな。お前は、今からだぞ。今からがスタートだぞ。次のことを考えろ」

清宮君のような華やかな高校時代ではなかった。高校日本代表チームにも選ばれなかった。だから、「トップチームで日の丸をつける選手になれ。薪の上で寝てでも頑張るんだ」と話し、「臥《が》薪《しん》嘗《しょう》胆《たん》」という言葉を教えた。「意味が分からなければ、辞書を引きなさい」と。

実際にプロ入りすれば、そこからは横一線。今までの成績は関係なくなる。高校野球物語は18歳で終わり。これからは清宮君や安田尚憲君（大阪・履正社－ロッテ）がライバルじゃない。1歳上、もっと言えば10歳上、15歳上のおっさんたちと勝負しなきゃいけない。

私がそんな話をしたからか、ドラフトで1位指名を受けた後、「自分の方がまだ下だから、（清宮君や安田君を）ライバルとは思っていません。気にしていません」と発言していた。

もちろん、練習はずっと続けた。「朝練もやろうな。プロでも最初は2軍で、デーゲームだからな」と私も話した。

ムネは教えたり、叱ったりしやすい生徒なんだ。向上心が高かったからね。三塁手として活躍できているのも、素晴らしい指導者のおかげだよね。器用な子だけど、プロ入りから、わずか1年であそこまで仕上げたのは、さすがプロのコーチだと感心しましたよ。

たくさんの人にかわいがられ、色んなことをどんどん吸収できているんじゃないかな。そういう人間に育ってくれたことが、何よりもうれしいね。

村上宗隆（むらかみ・むねたか）　２０００年2月、熊本市出身。九州学院高1年の15年夏に4番一塁手として甲子園出場。17年秋のプロ野球ドラフト会議でヤクルトから1位指名を受けて入団。2年目の19年に三塁手の定位置を獲得し、36本塁打で新人王。21年は本塁打王（39本）を獲得する活躍でチームの日本一に貢献し、ＭＶＰを受賞した。東京五輪にも参加し、金メダルを獲得。22年は日本人登録選手のシーズン最多本塁打記録を更新し

（56本）、史上最年少の22歳で三冠王を獲得。夏場にはプロ野球史上初の5打席連続本塁打を記録した。23年3月のWBCでは準決勝でサヨナラ二塁打、決勝で本塁打を放って日本の世界一に貢献した。

140キロ禁止令って何? DeNA伊勢大夢が変貌した高3夏の一戦

DeNAのセットアッパー、伊勢大夢《ひろむ》投手は、「性格的にリリーフ投手に向いていると思っていた」と、九州学院高の坂井前監督は言う。だからこそ、3年夏には驚きの禁止令を出している。

伊勢は面白い子でね、三塁や二塁に走者を置いてからの方が、いいピッチングをするんだ。別に手を抜いているわけではないんだけど、ピンチになると闘争本能に火がつくんだろうね。

そういう性格だから、ふだんから厳しく接するように心がけた。「お前がエースだから、頼んだぞ」と言わない方がいい。安心してしまうと、つい楽な方に流れてしまうか

力投する九州学院の伊勢大夢投手＝2015年7月20日

らね。常に私が重しになり、気を抜かせないようにしたんだ。本人は「なんで俺ばっかり怒られるんだ」と思っていたんじゃないかな。きっと、今も私のことが嫌いだと思う。

伊勢は中学時代は軟式野球部で内野手と投手をしていた。とにかくタフな投手。いいものを持っていたから、1年秋からどんどん投げさせた。

ただ、3年生になって投球フォームのバランスを崩し、球速が１３０キロも出なくなった。「あわてることはない。だんだん上げていこうな」と話したものだが、夏は厳しいかもしれないと思った。

ところが、熊本大会で１４０キロ台を投げる速球派と投げ合ったら、いきなり１４３キロを出しよった。いきなり球威がポーンッと10キロぐらい上がっちゃった。

やっぱり、こいつは投手としての本能を持ってるな。そう思ったね。そして、この夏は勝てると確信した。村上宗隆（現ヤクルト）が1年の夏だった。

それで、私はあいつに言ったんだ。

「伊勢、いいか、次にまた140キロを出したら代えるぞ。135キロぐらいでいいからな」

全力で投げたら、出合い頭でいい当たりを打たれることがある。交通事故のようにね。力まないで投げた方が、球威のあるボールを投げられる。球速を意識して全力投球を続けたら、体力が6試合もたないと思ったしね。本当に代えられると分かっているから、伊勢はそれから140キロを出さんかった。

あいつらしいのは決勝戦だよ。6－2とリードした九回2死。あと1人で甲子園という局面になり、最後は143キロ、141キロで締めよった。「これなら文句ないでしょ」という感じでね。私は打球じゃなく、球速表示を見ていたもん（苦笑）。

選手の反骨心をあおるぐらい厳しく接するのも指導者の役目だと思う。監督は選手に好かれたらダメだと私は考えている。小うるさいし、すぐ怒るし、煙たい存在であるべきなんだ。

私は「親身」という言葉が好き。親の身になって生徒と接する。親が子どもに、むやみやたらにおやつをあげないのは、虐待やDV（家庭内暴力）じゃない。しつけだよね。若いうちは分からなくても、40歳ぐらいになった時、初めて私の気持ちに気づいてくれればいいのよ。

伊勢は根性のある子だから、卒業後も大きく成長できたんだと思う。私としては厳しく指導してもらえる明治大学がいいと考え、善波《よしなみ》達也監督（当時）に預けた。そこで森下暢仁《まさと》君（現広島）と一緒になれたのも大きかったんじゃないかな。素晴らしい才能と4年間、切磋《せっさ》琢磨《たくま》できたんだからね。

伊勢大夢（いせ・ひろむ）　1998年3月、熊本市出身。九州学院高では3年春夏に甲子園出場。2学年下に村上宗隆選手（現ヤクルト）がいた。明大では同期の森下暢仁投手（現広島）とともに活躍し、4年時の2019年に全日本大学選手権大会を制覇。大学日本代表にも選出された。同年秋のドラフト会議でＤｅＮＡから3位指名を受けて入団。1年目からリリーフ投手として起用され、２０２２年は開幕から21試合連続無失点を続け、オールスター戦に監督推薦で初選出された。

阪神の快足・島田海吏は急がば回れ！　ドラえもんが示した成長プロセス

熊本県は中学校体育連盟主催の陸上競技大会が毎年、秋に開催されている。「だから他競技の生徒も出場できる。本当にありがたい大会」と九州学院高校の坂井前監督は語る。中日でプレーする溝脇隼人選手も、阪神の島田海吏選手も、この大会で発掘したという。

島田は中学時代、日本選手初の9秒台（9秒98）をマークした桐生祥秀《よしひで》選手に勝ったことがあるというのが有名だけど、本当に速かったのよ。宇土《うと》市の中学校で軟式野球部に所属しながら、陸上の大会にも出ていた。中学3年秋にあった県中体連の陸上競技大会は、１００メートルを11秒1で走って優勝しているんだ。

お父さんも短距離選手で、九州学院高の陸上部ＯＢなのよ。だから島田の場合、競争相手は他校でなく、うちの陸上部だった。最終的には陸上部の禿《かむろ》雄進《ゆうしん》監督が「あの子はずっと野球を頑張ってきて大好きみたいだし、野球部がいいでしょう。よろしくお願いします」と譲ってくれたんだ。

その1学年上の溝脇は、三段跳びで3位になった。そのバネにひかれて、うちにぜひ来て欲しいと思ったんだ。ただ、あの学年は本当は右打者が欲しかった。初練習で見たら左打者だから驚いたよ（苦笑）。まあ、右も左も関係ないぐらいの好選手だったけどね。

とにかく、熊本県中体連の陸上大会はありがたい大会なの。秋に開催してくれるのは全国でも数えるほどだと聞いている。陸上部にとっても、他の競技にとっても、ウィンウィンなんだ。私らは野球部員の身体能力を測れるし、陸上部にとっては他競技の才能を発掘できる。

九州学院の島田海吏選手＝2012年3月27日

駅伝選手としてうちで活躍した井川龍人（早稲田大学－旭化成）や鶴川正也（青山学院大

学）は、もともとサッカーをやっていた子だった。

溝脇は感性が素晴らしい。天性の勝負カンや、いい意味でのずるさがあるんだ。ショートとして、守る位置を変えてみたり、1球目でスッと盗塁を決めてみたり、そういう能力がある選手だった。

「お前、そのずるさが野球では最高だよ」と本人にもよく話した。こういう生徒は自由に泳がせて、なんかあった時にバチッと厳しく接する。変に型にはめたり、押さえつけたりしたら、あいつの良さがなくなってしまうからね。

対照的に、島田は「くそ」がつくぐらい真面目な子だ。地道にコツコツと、体に染み込ませるように技術を習得していく。その分、時間はかかる。

自分のレーンは速く走れるが、隣の選手との小競り合いみたいなことはできないタイプだったの。反対に溝脇は障害物競走の方が力を発揮する。同じ俊足選手でも、全然違うんだ。

溝脇は直接プロに行ってもやっていけると思った。一方、島田は急がせなかった。高校で土台をつくってから、走塁や打撃の高い技術を身につければいい。だから、卒業後は上武大学の谷口英規監督に預けようと考えた。「ここまで育ったけど、まだ教えてないことがたくさんある。あとはお願いします」とバトンを渡した。

指導者の理想は「ドラえもん」だと思うのよ。技術、精神面、そして進路の指導。一人ひとりの性格や個性に合わせた指導法を、ポケットからパッと出せなきゃいけない。引き出しは多いほどいい。そのためには何歳になっても勉強しなきゃいけないよね。

九州学院は野球特待生制度がないのに、2022年は卒業生が7人もプロ野球で1軍の試合に出場しているんだ。ヤクルトの村上宗隆、DeNAの伊勢大夢と中日・溝脇、阪神・島田のほか、前年のCSファイナルステージで活躍したオリックスの小田裕也が頑張っている。さらに西武で捕手をしている中熊大智と内野手の川野涼多が初出場を果たした。

社会人や大学でプレーを続ける選手もいる。もちろん、卒業生の一人ひとりがそれぞれの分野で立派に頑張ってくれている。それが私の、何よりの自慢なんだ。

島田海吏（しまだ・かいり）　１９９６年2月生まれ。熊本県宇土市の中学時代は軟式野球部に所属し、陸上大会にも出場した。九州学院高では2年春に8番右翼手として甲子園に出場。1学年上の溝脇隼人（現中日）が1番遊撃手で、大塚尚仁（元楽天）がエースだった。上武大学では3、4年時に大学日本代表入りし、4年夏のユニバーシアードでは1番左翼手で優勝に貢献した。２０１７年秋のドラフトで阪神から4位指名を受けて入団。俊足巧打の外野手として２０２２年は自己最多の１２３試合に出場し、打率２割6分4厘、21盗塁と飛躍のシーズンとなった。

溝脇隼人（みぞわき・はやと）　１９９４年5月、熊本県岱明町（現玉名市）出身。九州学院高では入学後すぐレギュラーとなり、1年夏の甲子園大会では「2番遊撃手」としてベスト8入りに貢献。2、3年春の選抜大会にも出場した。２０１２年秋のドラフト5位で中日に入団。プロ6年目の18年にウエスタンリーグ優秀選手賞。近年は内野のユーティリティープレーヤーとして1軍出場機会を増やしている。

《横浜》
渡辺元智監督

[取材・構成　安藤嘉浩]

渡辺元智（わたなべ・もとのり）　1944年、神奈川県出身。24歳で母校・横浜高の野球部監督になり、甲子園で春３度、夏２度優勝。30代で大学（夜間）に通って教員免許を取得し、社会科教諭に。2015年夏を最後に勇退。
（写真：2015年８月）

サボりのマツと呼ばれた松坂大輔　怪物をやる気にさせた名将の育成法

2021年限りで現役を引退した松坂大輔さん。野球解説者として第二の人生をスタートさせた教え子の姿をテレビで見て、「いい顔をしている」と横浜高校野球部の渡辺元智元監督は目を細める。入学してきたころの松坂さんは「最初から光り輝くダイヤモンドではなかった」と懐かしむ。

自然と輝く石もあれば、磨いて光る石もある。松坂の場合は前者ではなく、後者でした。入学時は体重85キロ（身長175センチ）と肥満気味でした。

同級生に好選手が多かったのもあるが、際立つ存在ではありませんでした。自分の存在をアピールしてくるわけでもない。だから、こちらから前に引っ張り出して、英才教育を施そうと考えたんです。

小さいころから大きな目標を持っているのは感じました。プロ野球選手になりたい。両親を楽にさせたい。内に秘める松坂の思いは、こちらにも伝わってきました。

ボールを投げさせると、めっぽう速い。しかし、ボールがどこに行くか分からない。そんな投手でした。まずは体を絞り、体と心の土台をつくらせようと考えました。同級生たちと一緒に色んな基礎をたたき込みました。

第80回全国高校野球選手権記念大会の決勝で無安打無得点試合を達成し、春夏連覇を成し遂げた横浜の松坂大輔投手＝1998年8月22日

私も監督になって30年近くなり、指導理念をつかみかけていた。技術を詰め込んでも選手は伸びない。人間的な成長があって、初めて技術を生かすことができる。野球部長兼コーチの小倉清一郎に技術指導の大半は任せ、私は自分の体験談などを話して、選手に心

構えのようなものをたたき込みました。

「目標がその日その日を支配する」は横浜高校の創立者（黒土四郎氏）が好んで使った言葉で、社会教育家・後藤静香《せいこう》氏の「第一歩」という詩の一部です。

三笠山にのぼる第一歩
富士山にのぼる第一歩
同じ一歩でも覚悟がちがう

三笠山ではピンとこないだろうから、「富士山とエベレスト、どっちに登るんだ」と毎日のように選手に話しました。

「目標を高く持て」とも話し、「目標が高いほど練習はきつくなる」と厳しい練習を課した。基礎体力づくりと下半身を鍛えるメニューを徹底的にやらせました。

それからフォーム作りを徹底的にやった。ため込んだエネルギーを逃がさないよう、投手板（61センチ）の幅の中で投げるように意識させました。両脇にネットを置き、後方にも壁を作ってピッチングさせたこともあります。捕手に向かって一直線にパワーをぶつけて欲しかったからです。

次第に体重も絞れ、1年秋の新チームからエースにしました。松坂はちゃめっ気のある男で、修行僧のように黙々と練習するタイプではありません。だから、仲間うちで「サボりのマツ」とからかわれていたりもしましたが、その半面、集中力は半端なかった。質の高い練習を集中してするんです。

本人が興味を持ち、納得させることが大事だと思い、好奇心をあおるように色んな練習を用意しました。都内のスポーツジムに、週3日通わせたのがその一つです。米国人トレーナーに「疲れた状態で来させないでくれ」と言われたので、ジムの日は目いっぱい練習をさせないで行かせました。向こうでは1時間集中してトレーニングする。そのために、往復2時間以上かけて仲間と通ったんです。

そのトレーナーによく在日米軍関係者が利用するホテルのレストランに連れていってもらったのも、彼には大きな刺激になったようです。帰りに仲間とカラオケに行くなど、寄り道していた日もあったと聞きます。色んな体験で彼らの視野が広がれば、それもいいと思いました。

車のハンドルと一緒で、遊びがないと上手にコントロールできません。ギアがずっとトップに入っていたら、選手がもちません。

私も若い頃はむちゃもしました。選手が逃げ出さないようベルトで体をつないで寝たこともあります。そのやり方では体力がつきますが、同時に失いもします。集中力もつきません。

大事なのはメリハリ。松坂のときは夏場に体をいじめ抜く合宿をしました。一方で、冬場は温泉地で座禅とスキーしかしない対話合宿をしています。

1年秋からエースになった松坂は、2年春には注目される投手に成長しました。しかし、夏は神奈川大会の準決勝で横浜商に敗れます。幕切れは自身のサヨナラ暴投。相手のスクイズを察知して外したボールが、大きくそれてしまったんですね。彼の分水嶺《ぶんすいれい》になった試合です。

いわば独り相撲をとって、先輩たちの高校野球を終わらせてしまった。私は慰めませんでした。はい上がってくるのを待つことにしました。栄光より挫折、勝利より敗北、成功より失敗から学ぶことがあります。この試合を松坂が自分で次に生かせないと意味がありません。

練習に対する態度が変わりました。自分たちが最高学年になり、自覚も芽生えてきました。

ところが、秋季県大会の初戦で、松坂は同じ失敗を繰り返しました。捕手が相手のスクイズを察知して立ち上がって外角高めのボール球を要求したのに、松坂はそのまま真ん中の高めに投げてしまい、捕手が捕れずに暴投になってしまいました。夏と同じような失敗をしたんです。幸いにも試合には勝ちましたが、この時はかなり叱りました。「まだ自分のことしか考えていない」と。

二つのミスで松坂は大きな教訓を得ました。このころから、「ワン・フォー・オール(みんなのために)」と口にするようになりました。

結果的には、この試合が公式戦44連勝のスタートになりました。松坂は11月の明治神宮大会で球速150キロをマークし、「平成の怪物」と呼ばれるようになりました。騒がれすぎて自分を見失わないようにすることを今度は考えました。目標はまだ先にある。甲子園の優勝であり、プロの世界で活躍することだろう、と。とは言っても、本人の自覚もできていたので、松坂自身のことで、うるさく言うことはなくなりました。

6月の招待試合で情けない内容の試合をした日がありました。雨が降っていたせいもあり、選手に集中力が感じられない。松坂も本塁打を打たれました。

実は選抜大会で優勝した後、部員の頭髪をスポーツ刈りでもいいことにしていました。彼らの希望だったからです。しかし、手綱を緩めすぎたように感じていました。

松坂を呼んで、「お前が短くすれば、みんな刈るよ」と諭すと、彼は私の意をくんでくれました。「山は登ったら下りだ。しっかり地上まで戻らないと、夏の山は登れない」。選手に常々そう話していましたが、松坂はその意味を理解してくれていたんだと思います。

プロ入りするときには、五つのアドバイスを贈っています。①自信過剰を戒めよ②健康に注意せよ③ケガをしないように心がけよ④笑顔を絶やさない人間になれ⑤常に感謝の心をもて。「ベーブ・ルースになれ」とも言いましたね。ファンに愛される選手になって欲しかったからです。

プロ入り後の成長については分かりません。大リーグに挑戦し、レッドソックスでワールドシリーズを制覇するまでは飛ぶ鳥を落とす勢いでした。年に1度はあいさつに来てくれましたが、雲の上の存在になったと感じました。

しかし、その後は故障で苦しみました。それでも納得いくまで、とことん野球を続けた姿が、人間・松坂だったと思います。2021年10月の引退試合をテレビで見て涙が出てきました。ボロボロになっても、きちんと下山してきてくれたと感じたからです。

「ありがとう」「おかえり」と伝えました。

松坂大輔（まつざか・だいすけ）　1980年、東京都出身。横浜高のエースとして98年に甲子園で春夏連覇を達成。

夏は準々決勝でＰＬ学園と延長17回の死闘を演じ、２５０球を投げ切った。先発を回避した準決勝の明徳義塾戦を大逆転でものにすると、決勝は京都成章を相手に無安打無得点試合を達成。「平成の怪物」と呼ばれた。２０２１年限りで現役引退。日米通算１７０勝。

「野球バカは嫌」と言った筒香嘉智　横浜の名将が贈った唯一の助言は

ある日、横浜高グラウンドの外からずっと練習を見ている中学生がいた。「それが筒香《つつごう》（嘉智）だった」と元横浜高校野球部監督の渡辺さんは振り返る。「いい選手は手を加えません」と語る名将が贈った大胆なアドバイスとは……。

彼にとっては中学3年の冬でした。父親と中学野球の監督と一緒にうちの練習を見ていたんです。練習が終わって「見学ですか？」と声をかけると、和歌山から来ましたという。本人と話をして、自分の考えをしっかり持っている選手だと感じました。背筋をピンと伸ばし、私から目線を外さない。何より、強い意志を感じました。周りの意見でなく、自分で横浜高校に入りたいという熱意を感じたのをよく覚えています。

関西の関係者に聞いたら、すごい選手だということでした。ただ、時期的にスポーツ推薦の入試はもう終わっていたんです。彼は成績も問題ないので、ふつうに受験して入学してきました。

松坂大輔への憧れがあったと、のちに聞きました。小学生のとき初めて甲子園で高校野球を観戦し、それがPL学園との延長17回だったらしいです。うちとしては、ありがたい縁でした。

人間的にも技術的にも手がかからない生徒でした。自分で目標を定めて、黙って努力する。人の悪口は言わない。いつも自分自身と戦っているような選手でした。

私は、いい選手は手を加えません。声をかけても指導、体に触れても指導、叱咤《しった》激励しても指導。じっと見守るのも指導です。選手それぞれにアプローチを変えなければいけません。

筒香は手を抜くタイプではないし、考え方もしっかりしている。1年から4番を打たせました。幸いにも、上級生にプロへ進むような選手がいました。彼らの姿勢や考え方を自分で吸収して筒香は伸びていきました。

しかし、器が大きいからといって、その器で満足して欲しくはありませんでした。さらなる高みに導くのも、指導者の大切な務めです。

筒香には1度だけ思い切ったアドバイスをしています。左打ちの彼はセンター方向にすごい打球を飛ばします。バックスクリーンにライナーで打ち込んだこともあります。理想的な打撃ですが、私はあえて「もったいないな」と言いました。

「ライト方向にどんどん狙ってみなさい。もっとホームランが出るよ」

自分でライトへ引っ張る感覚を身につけて欲しかったんです。センターへ打つのと、また角度が違います。最初は引っかけるような打撃になっていましたが、そのうちコツをつかみました。すると、レフト方向にもいい角度で打球が上がるようになりました。

2年夏の甲子園大会準々決勝で満塁本塁打を放った横浜の筒香嘉智選手＝2008年8月16日

筒香は高校通算69本塁打だったと思いますが、量産するようになったのは、入学後だいぶ経ってからでした。

3年生になり、筒香を主将にしました。彼のしっかりした考えをチームに生かしたかったのもありますが、本人にとっては自分の気持ちを表に出すことも必要だと感じたからです。腰痛で苦しんだ時期もあり、最後は甲子園に出られませんでしたが、彼にとって貴重な経験になったと思います。

彼はいつも、社会勉強をしたい。野球バカで終わりたくないと言っていました。大リーグに移籍するときも、向こうで活躍したいという思いだけでなく、色んな環境を見たいと私に話していました。だからマイナーに降格したときも、色々なことを学べるとプラスにとらえていたようです。シーズンオフにはドミニカ共和国で武者修行をしてきたと聞きます。現役時代にそんなことができる選手はなかなかいません。

あるパーティーで一緒になった時、筒香はずっと子どもたちにサインをしていました。初めて会った日から変わらない彼の人間性が、どんどん大きくなっているように思います。社会貢献活動にも熱心で、故郷の和歌山県橋本市に野球場を建設しているそうです。指導者はむしろ、選手から教わることが多い。筒香はまさにそうでした。

筒香嘉智（つつごう・よしとも） 1991年、和歌山県出身。横浜高で2年春夏と甲子園に出場し、夏はベスト4入り。準々決勝では満塁を含む2本塁打を放ち、1試合8打点の大会最多タイ記録をマークした。高校通算69本塁打。ドラフト1位で横浜（現DeNA）に入団し、本塁打王になるなど中心打者として活躍。日本代表の4番も打った。2020年に大リーグへ移籍。

電話に出ない涌井秀章　英才教育でしくじった名将が発見したトリセツ

最多勝4度を誇る中日の涌井秀章投手。彼が横浜高校に入学してきたとき、当時監督だった渡辺さんは「（6歳上の）松坂大輔以来の大投手に育てよう」と意気込んだという。

涌井は寡黙な男でした。松坂も我々の前では口数が少なかったが、グラウンドを離れればちゃめっ気もありました。他の部員からそういう様子を聞いていましたので、根は明るい子だと安心できる面がありました。

ところが、涌井はいつも静かだったんです。マウンドで黙々と投げる印象が、ふだんの学校生活でも変わることはありませんでした。

あれだけの好素材なので、我々の期待も大きいものがありました。入学した時点では、松坂よりもずっとよかったぐらいです。すぐにベンチ入りさせ、いわば英才教育を施すことにしました。

春季関東大会だから、5月後半だったと思います。ふと涌井のスパイクシューズを見たら、靴底の裏についている歯がすり減って、ほとんどない状態だったんです。ふだんから道具の手入れや管理についてはうるさく指導しています。「こんなことで松坂のようなエースになれるわけがないだろ!」。私はめちゃくちゃ怒ってしまいました。

入学してまだ2カ月も経っていないのに、頭ごなしにガンガン叱られ、涌井はかなりショックを受けたようです。以来、重い口が、さらに閉ざされてしまったように思います。なんにもしゃべらない。悔しさも悲しさも喜びも、表情に出てきません。

ちょっと言いすぎたかなと思いました。選手のタイプや性格によって指導方法も変えなきゃいけないのに、自分もまだまだだと反省した記憶があります。

それでも涌井は黙々と練習し、本来の能力を磨いていきました。相変わらずコミュニケーションをとることは難しかったですが、1学年上の成瀬善久とともに2年春の選抜大会で準優勝の原動力になってくれました。

2年夏が終わり、いよいよ自分たちが最高学年になった2003年の秋、私は涌井を再び怒鳴ってしまいます。

県大会3回戦の横浜隼人戦。チームが勝っているのに、自分が打たれ始めたら、涌井が下を向いたんです。彼は色んな経験をしていますし、背番号「1」をつけたチームの大黒柱です。「しっかりしろ!」と発破をかけました。結果的にチームは延長で敗れてしまいました。「お前みたいな選手がいるから、ダメなんだ!」。ロッカールームで彼をつかまえ、怒鳴り散らしました。涌井はうなだれるでもなく、プイッと横を向き、口も開きませんでした。

これはいかん。また叱りすぎてしまった。闘志が前面に出てこないもどかしさがあったものの、寡黙な生徒を一方的に叱るのはよくありません。

横浜高時代の涌井秀章投手（左）と成瀬善久投手＝2003年4月3日

チームの状態やエースとして期待していることを説明しようと涌井の携帯電話を鳴らしても、出てくれない。これは困ったぞ。途方に暮れそうになったとき、思いついたのがメールでした。

私は携帯電話の取扱説明書を読みながら、初めてメールを打って涌井に送りました。すると、すぐに反応がありました。「ありがとうございます。明日からまたがんばります」。そんな返信が来たのです。

そうか、涌井は口べただから、電話に出るのはおっくうなのだろう。だけど、コミュニケーションを拒んでいるわけではない。メールなら会話ができる。

監督になって35年。私は選手との新しいコミュニケーション法を知ることができました。涌井のおかげです。今でもメールを送ると、さっと反応があります。言葉数は少ないが、含蓄のあることを言いますし、自分の信念を貫いていると感じます。「監督さんも体を大事にしてください」と添えることも忘れません。彼の人間性は今も変わらないのです。

ところで、1学年上の成瀬も忘れられない選手です。彼は栃木県小山市出身で中学時代は軟式野球部。コントロールのいい好左腕ですが、目を見張るような速い球を投げるわけではありません。入学当時は度の強い眼鏡をかけていて、どこか自信がなさそうでした。言葉のなまりも気にしていたようです。

「ちょっと眼鏡を外してみなさいよ」。ある日、私は成瀬に声をかけました。「いい顔してるじゃないか」と言うと、彼は恥ずかしそうにニヤッと笑いました。「よし、監督がコンタクトレンズを買ってあげるから、それを入れて野球をしなよ。そういう選手もいっぱいいるから大丈夫だ」と言うと、うれしそうに返事をします。眼鏡を外した成瀬は、ニコニコしてボールを投げるようになりました。その姿が忘れられません。

ちなみに成瀬は電話すると、さっと出てくれます。忙しくて出られなくても、すぐ彼からかけ直してくれます。選手は十人十色。それなのに指導方法が十把《じっぱ》一絡《ひとから》げではいけません。指導者はタフじゃなければいけないのです。

涌井秀章（わくい・ひであき） 1986年、千葉県出身。横浜高で2年春の甲子園で準優勝、3年夏はベスト8入りに貢献した。ドラフト1位で西武に入団し、リーグタイ記録の最多勝4度。ロッテ、楽天を経て2023年から中日に所属。

成瀬善久（なるせ・よしひさ） 1985年、栃木県出身。横浜高3年春に左腕エースとして甲子園で準優勝。ドラフト6位でロッテに入団し、先発投手として活躍。ヤクルト、オリックスを経て現在は独立リーグ栃木の投手兼任コーチ。

《履正社》　現・東洋大姫路監督
岡田龍生監督

[取材・構成　安藤嘉浩]

岡田龍生（おかだ・たつお）　1961年、大阪府出身。兵庫・東洋大姫路高では主将を務め、3年春に甲子園出場。準決勝まで勝ち進んだが、牛島和彦―香川伸行バッテリーの浪商（現大体大浪商）に敗れた。日体大でも主将となり、卒業後は社会人野球の鷺宮製作所で1年間プレー。大阪市立（現大阪府立）桜宮高の常勤講師を2年務めた後、87年に大阪・履正社高の教員となり、野球部監督に就任した。97年夏に同校を初めて甲子園に導いたのを皮切りに春夏計13回出場を果たす。2014年春、17年春に準優勝、19年夏に全国制覇。2022年春に同校を定年退職し、母校・東洋大姫路高の教員となり同校の監督に就任した。
（写真：2020年1月）

「ほんまに山田哲人か？」　恩師も驚く覚醒を促した高2冬の出会い

「ミスター・トリプルスリー（打率3割、30本塁打、30盗塁）」こと、プロ野球ヤクルトの山田哲人《てつと》選手。履正社高校（大阪）の岡田龍生前監督（現東洋大姫路高校＝兵庫＝監督）は「センスはいいのに、何か物足りないな」と感じていた。どうやって日本を代表する選手に飛躍したのか。

山田は中学時代、そんなに目立つ選手やなかったんです。うちのコーチが見た試合も6番を打っていたようです。今でもそうだけど、体が特別に大きいわけでもありません。ただ、運動能力はずば抜けていました。だから、すぐに試合で使いました。最初は一塁手。秋からは二塁手。試合経験を積ませながら育てようと考えたんです。

上級生に混じって本人もしっかり頑張っとったと思います。だけど、ガツガツ感がないというかな。打って走らんわけやないし、ボールを一生懸命追わんわけでもない。でも、何か物足りなさを感じてしまう。もったいないなと思っていました。要は、高い運動能力とセンスでプレーするような選手やったんです。

転機となったのは2年冬の二者面談。2009年の12月やったと思います。

「山田、どうする?」

「プロに行きたいです」

第92回全国高校野球選手権大会で本塁打を放ち、笑顔でベースを1周する履正社3年の山田哲人選手＝2010年8月16日

山田自身はおそらく、入学当時はプロを意識していなかったと思います。

それが、うちで1年からレギュラーになり、レベルの高い大阪でプレーする中で、どこかの時点でプロを考え始めたんでしょう。

素材としてはプロで十分やれると思いましたが、ぼくとしては心配の方が大きかった。本人の考え方が、まだまだ子どもやったというかな。18歳でプロになって、やっていけるやろうか。大学か社会人を経てからの方がええんとちゃうか。

ちょうどプロ4年目のT－岡田（岡田貴弘、06年卒）が、自主トレで帰ってくると連絡してきとったんです。本塁打王になる前の年やったと思います。それで、山田に「プロってどんなとこですか、と聞いてみい」と言いました。岡田にも「山田いうのがプロへ行きたいと言うてる。話を聞かせたってくれ」と頼んでおきました。

山田は2日間、先輩に話を聞いていました。岡田も山田に根気強う付き合ってくれていたようです。

すると、その直後から、「ほんまに山田か？」というぐらい人が変わったんです。ちょっとした違いですが、なにをするにも100％で取り組むようになりました。走る練習の一本一本、キャッチボールの一球一球が全然違う。ぼくらが見ていると分かるんです。

2人がどんな話をしたのかは聞いていません。そこは立ち入るべきではないと思いましたんで。いつも一緒にいるぼくの声でなく、違う世界を知っている者の話の方が心に響くだろうと期待していましたが、まさに効果てきめんやったですね。

当時の大阪の高校野球界は、まさに群雄割拠やったでしょ。山田が1年の08年夏に、大阪桐蔭が全国制覇を達成しています。うちは北大阪大会の決勝で0－2で敗れました。山田は7番一塁手として先発出場しとりました。その年の秋も、4回戦で大阪桐蔭に敗れました。

PL学園も健在やったですよ。09年は春夏とも甲子園に出場しています。PLが最後に出場した年になります。山田が2年のこの年は夏も秋もPL学園に敗れました。夏は準決勝で延長十二回の末に4－6で涙をのんでます。3番二塁手の山田は5打数無安打。秋は準々決勝で3－5で敗れました。

山田にとって、甲子園に行けるチャンスは、3年夏だけになりました。そんなタイミングでやった二者面談だったんです。

このオフシーズン、山田は充実した時間を過ごしました。ぼくやコーチの話はもちろん、チームメートの助言にも素直に耳を傾け、修正すべき部分は修正する。野球に対して、とても貪欲《どんよく》になりました。

「頑張ったら頑張った分だけ、結果が出る」という成功体験をこのとき得られたのは、山田にとって大きかったんやないでしょうか。だからこそ、プロ入り後、ヤクルトで杉村繁コーチをはじめ素晴らしい指導者に出会い、大きく成長することができたんやと思います。

いずれにしても、本来の才能を一気に開花させ始めた山田は、3年春の大阪大会は4割を超える打率を残し、チームも優勝して近畿大会決勝まで勝ち進みました。このころから山田を見に来るプロ野球のスカウトも増え始めました。

そして、山田にとって高校最後の夏。忘れられないのはＰＬ学園と当たった4回戦です。5－7で迎えた九回、起死回生の同点タイムリーを放ったのが3番遊撃手の山田でした。その勢いのまま、延長十回に勝ち越し、8－7で勝利することができました。ぼくが監督になって、初めてＰＬ学園に勝った試合となりました。

山田たちのチームは大阪大会を勝ち抜き、13年ぶり2回目となる夏の甲子園大会出場を果たしてくれました。12安打、13打点で打線を引っ張った山田は、甲子園でも2試合で計4安打と活躍します。聖光学院（福島）の歳内《さいうち》宏明投手から本塁打も放ち、堂々とプロの世界に飛び込んでいきました。

ぼくは指導に当たって、「教えすぎない」ということを意識しています。自分で気づき、考えなければ、生徒は伸びないし、卒業後も人間として成長できない。そのためのヒントをどうやって与えるか。そのあたりが大切だと考えています。山田の成長ぶりを目の当たりにして、その思いを強くしました。

山田哲人（やまだ・てつと） 1992年、兵庫県出身。大阪・履正社高進学と同時に家族で大阪府豊中市に引っ越し、3年の2010年夏に甲子園出場。同年秋のプロ野球ドラフト会議でヤクルトから外れ外れ1位指名を受けて入団。4年目の14年にシーズン193安打をマークしてブレーク。本塁打王1回（15年）、盗塁王3回（15、16、18年）。シーズン打率3割、30本塁打、30盗塁の「トリプルスリー」を3度（15、16、18年）も達成している日本球界屈指のプレーヤー。

T－岡田をノーサインで盗塁させた理由　「99%」の呪縛をといた日

履正社高校の岡田龍生前監督の心に残る教え子がT－岡田（岡田貴弘）だ。2021年に通算200号本塁打を達成し、プロ野球オリックスのリーグ優勝に貢献したスラッガー。「プロ野球しか考えていない」と話すT－岡田に対し、入学してすぐ、ダメ出ししたという。何が原因だったのか。

T－岡田は「中学生と思えないぐらい遠くに飛ばす選手がおる」と評判になるぐらい、入学前から有名な選手やったです。大阪桐蔭高から中日入りした同学年の平田良介外野手とともに進学先が注目されていましたが、本人が「自宅から通える」という理由で、うちを選んでくれました。

確かに、彼の打球の飛距離は、入学時から群を抜いていました。うちの練習グラウンドはライトフェンスの奥に高さ20メートルほどのネットが張られているんですが、彼の打球が頻繁に越えていくため付け足さなければなりませんでした。

履正社では1年秋から打撃練習では木製バットを使うように指導していますが、T－岡田は入学して1カ月ほどで木製を使うよう命じたほどです。

ただ、入学してすぐ、彼に話したんです。「それではプロにはなれんで」

さらに、こういう話もしました。「一塁手は外国人選手と競争になるから、外野を守れるようになって、自分の野球の幅を広げなあかんで。走塁も上手にならんとな」

彼が思う野球は、99％が打つことで占められていました。本塁打を打てば褒められるし、みんなに喜ばれる。一方で、いい走塁や守備は目立たないし、なかなか褒めてもらえない。中学まで、そういう環境で野球をしてきたのでしょう。

真面目で頭もいい子だから、ぼくの話をすぐに理解してくれました。守備や走塁に、ちゃんと取り組むようになりました。ぼくらも玄人目で見て、いい走塁や守備があれば、積極的に評価するようにしました。

打順は1番からクリーンアップまで色々と経験させました。考えて野球をすることを身につけて欲しかったからです。本人のためにも、チームのためにもプラスになると考えました。3年になったら、彼にはノーサインで走っていいと話しました。試合展開や状況を自分で判断し、スタートを切る。そんな姿を見て、これならプロに行っても大丈夫だと思いました。

打撃に関しては、いわゆる逆方向に打球が伸びる選手やったですね。左打ちのT－岡田は左中間からレフト方向へ本塁打を打てました。コツは、後ろ手になる左腕のヒジがへそ方向に向かうようにためを作り、インパクトの瞬間にグッと押し込むことですが、彼はすぐに習得しました。

そして、打撃にはどこまでも貪欲《どんよく》でした。例えば、5打数5安打でも、本塁打が出ないと、「どこがあかんかったでしょうか？」と聞きに来る。結果ではなく、内容をきちんと考える選手やったです。

2年だった2004年夏の大阪大会、T－岡田は1～5回戦までの5試合で5本塁打を放ち、PL学園の清原和博選手（元巨人ほか）の最多記録に並びました。5本目は、そのPL学園戦で打ちました。

この大会で彼は、2試合にまたがって5打席連続で敬遠されました。それでも、ふてくされたり、怒ったりすることなく、一塁へと向かいました。泰然自若とした態度は、「浪速のゴジラ」というニックネームにふさわしかったと思います。

3年の夏は準決勝で大阪桐蔭に敗れました。平田選手や辻内崇伸投手（元巨人）だけでなく、1年生に中田翔選手（巨人）がいるチームでした。

プロ野球ドラフト会議でオリックスから高校生1巡目指名を受けた履正社高の岡田貴弘選手＝2005年10月3日

T－岡田は九回、中田君からライナーでバックスクリーンに打ち込む本塁打を放ちました。高校最後の打席で、高校通算55本目の一発。本人が憧れていた松井秀喜選手（元ヤンキース）の背番号と同じ本数に到達するドラマチックな思い出を作ってくれました。
その年の高校生ドラフト会議でオリックスから1巡目指名を受け、背番号「55」をもらってプロ入りしました。5年目の10年に本塁打王になり、ベテランになった2021年もリーグ優勝に貢献することができたようです。まだまだ頑張って欲しいと願っております。

T－岡田（岡田貴弘／おかだ・たかひろ）　1988年2月、大阪府出身。履正社高では甲子園出場はないが、高校通算55本塁打を放ち、「浪速のゴジラ」と呼ばれた。2005年秋の高校生ドラフト1巡目指名でオリックスに入団。5年目の10年に就任した岡田彰布監督の提案で、登録名をT－岡田に変更。同年に33本塁打を放ち、本塁打王を獲得した。22歳での本塁打王は王貞治以来だった。2021年は通算200号本塁打を達成するなど、リーグ優勝に貢献した。

阪神・坂本誠志郎の主将力　「僕より正しい」と監督も降参の高校時代

履正社高校の野球部を35年間率いて、2019年夏には全国制覇を果たした岡田前監督は、選手とのコミュニケーションのアイテムとして「野球ノート」を活用していた。その内容がずば抜けて優れていたのが、坂本誠志郎捕手（現阪神）だったという。

「野球ノート」はかなり早くから採り入れとりました。我々が日々チェックし、気になることがあれば返事を書いていましたが、ほとんどの生徒は、その日にやったことを書いているだけ。「お前らの野球ノートは小学生の絵日記や。もっと考えて書けよ」とよく笑いながら指導したもんです。

そんな中で、坂本が書く内容は次元が違っていました。練習への取り組み方から、捕手としての配球や投手それぞれのリードの仕方まで、彼のノートを読めば、色んなことを考えて野球をしていることが手に取るように分かりました。例えば、自分のリードを振り返り、こういうサインを出したけど、こういう結果で打たれた。どこに問題があったかを考え、次はこういうリードをしたいと書くんです。

視点が違う。視野も広い。観察力も鋭い。このあたりは教えられるものやない。おそらく、人を見るという習慣が日ごろからあるんやと思います。その性格をうまいこと使って、各投手と付き合い、性格まで把握し、どうやったらいいところを引き出せるかを常に考えている。だから、投手陣の信頼度は高い。

こういう生徒には、どんどん責任を与えます。責任感でつぶれそうになる子もいるから注意が必要ですが、坂本は責任が膨らめば膨らむほど成長しました。

投手の交代時期などは、ほぼ彼の判断に任せるようにしました。ぼくが判断するより正しい選択をしてくれたと思います。坂本が主将としてまとめたチームは2011年春の甲子園で準決勝まで勝ち上がることができました。

坂本は2022年から阪神のキャプテンになったと聞いております。山田哲人も2021年からヤクルトのキャプテンになったそうだが、あいつは実力や実績が作り上げたリーダー。坂本はもともとリーダーの素質がある子でした。

だから、プロは難しくても、大学や社会人で十分にやれるし、将来は指導者に向いていると考えていました。明治大学でさらに成長し、成績も残してプロ入りできたのは、本人の頑張りはもちろん、善波《よしなみ》達也前監督をはじめ明大関係者の皆さんのおかげと感謝しております。

履正社の主将として3年春の甲子園で4強入りした坂本誠志郎選手＝2011年3月30日

　ところで、阪神は矢野燿《あきひろ》大前監督も大阪・桜宮高校で常勤講師をしていた時の教え子になります。4番キャッチャーで主将。まさにチームの大黒柱でした。

　肩がめっぽう強くて足も速い。フィールディングもよかったので、内野を守らせても上手でした。ぼくは体育講師で授業も受け持っていましたが、なんの競技をやらせても上手でした。山田哲人もそうでしたが、身体能力の高さが全校生徒の中でもずば抜けていたように記憶しています。

桜宮高野球部ではコーチだったのでそんなに深く指導はしていませんが、矢野は背中で引っ張るタイプの主将でした。

履正社時代の主将として印象深い生徒がもう1人。三塁コーチだった片岡天平。野球は下手くそで、ぼくの怒られ役やったんですが、その意味をちゃんと理解して、その役割を受け入れてくれました。だから、途中から彼を主将にしてチームをまとめようと考えました。

卒業後は実家の理容店を継ぎ、10年前に全国理容競技大会で優勝しました。修業時代はお店が休みの月曜に訪ねて、ぼくが散髪の練習台になりました。お父さんが隣についとって、最後は整えてくれます。

何度か2位だったようだが、諦めずに挑戦してついに日本一になりました。自慢の教え子の1人です。

坂本誠志郎（さかもと・せいしろう）　１９９３年、兵庫県出身。履正社高校では2年夏、3年春と甲子園に出場し、主将の3年春は準決勝まで勝ち進んだ。同校では山田哲人（ヤクルト）の1年後輩になる。明治大学に進学すると1年秋から正捕手となり、2年時は春秋ともベストナインに選出された。4年時は主将を務め、２０１５年のドラフト2位で阪神へ入団。1位は同じ明大の高山峻だった。阪神でも２０２２年から主将になった。

《星稜》
山下智茂監督

[取材・構成　安藤嘉浩]

山下智茂（やました・ともしげ）　1945年、石川県出身。門前高―駒大を卒業し、67年に星稜高の社会科教員となり、野球部監督に就任。当時は無名だった同校を春夏計25回甲子園に導き、95年夏には準優勝に輝いた。箕島（和歌山）との「延長18回」（79年夏）や「松井の５敬遠」（92年夏）など、高校野球史に残る名勝負を指揮したことでも知られる。2005年秋に監督を勇退。若手指導者養成を目的とする日本高校野球連盟の「甲子園塾」塾長。2022年３月、母校・門前高の野球指導アドバイザーに就任した。

（写真：2018年８月）

5 敬遠のあとの謝罪　バットを投げた松井秀喜を変えた車中の2時間

日米通算507本塁打を放った松井秀喜さんは、高校最後の夏に5打席連続敬遠され、甲子園の伝説になった。取り乱すことなく一塁へ向かう姿が有名だが、「あの日の反省があったからだろう」と星稜高校（石川）野球部監督だった山下智茂さんは振り返る。あの松井さんが冷静さを失った試合とは……。山下さんが回想する。

松井は1年夏（1990年）から4番に座り、甲子園に出場。2年夏（91年）は甲子園で本塁打も放ち、チームもベスト4に進出しました。

新チームでは主将になり、同年秋の明治神宮大会で優勝し、台湾に遠征する機会をもらいました。ここでも松井は絶好調で、本塁打も打ちました。

すると、翌日、頭の付近に来たボールをストライクと判定されたんです。こういうことを言うのは好きではありませんが、明らかに判官びいきの判定でした。ぼくも頭に血がのぼりそうになりましたが、国際大会では色んなことが起きます。これも仕方がないと思って冷静に振る舞おうとしたときでした。

松井がバットをポーンと放り投げました。判定への不服を、態度で表してしまったのです。これはいかん。チームのためにも、松井の将来のためにも、きちんとしなければいけない。

第74回全国高校野球選手権大会の2回戦、明徳義塾（高知）戦で5打席連続敬遠された星稜の松井秀喜選手＝1992年8月16日

「我々は日本を代表して国際試合に来ている。マナーが大切やぞ」

「スポーツマンシップとはなにか。フェアプレーとはなにか。知・徳・体を身につけなければあかんぞ」

「長嶋さんや王さんはなぜ応援されるのか。大事なのは人間性やな」

移動のバスの中で約2時間、チーム全員に向けて、こんこんと話をしました。

最後の夏、松井は5打席連続敬遠されても、冷静にプレーを続けました。試合に敗れてベンチ前で道具を片付けていたら、エースの山口哲治と一緒にぼくのところに来て、「監督さん、(日本一になる)約束を守れず、すみませんでした」と言ってきました。

こういう時に、こんなことが言える。すごい男になったと感激したのをよく覚えています。

松井は入学当初から印象深い選手でした。

受験前の12月に会った時は受験勉強のせいか、体がかなり大きくなっていました。体重が90キロを超えていたんじゃないでしょうか。

「勉強の合間に、体も動かさんとな。入学までに10キロやせてきなさい」。ぼくは、そんな宿題を出しました。4カ月後、入学してきた松井は、約束をちゃんと守り、すっきりした体型でぼくの前に現れました。

「ようこそ、星稜へ」。差し出した右手を握り返してきた彼の右手の感触を、ぼくは今でも鮮明に覚えています。

ぼくは握手が好きです。例えば攻撃型の監督か、守りのチームの監督か。この人は本気でぼくと付き合ってくれるかどうか。握手をすれば分かります。

松井の手は、象のようにゴツゴツしていました。よほどバットを振り込んだんでしょう。この子は、すごい選手になると直感的に思いました。ぼくとの約束もちゃんと守ってダイエットしてきました。ぼくの言うことを聞いてくれるな、とも思いました。

まず、新聞や本を読む習慣をつけさせようと思いました。集中力や洞察力を養うためです。往復1時間以上かかる電車通学を有効に使って欲しいという思いもありました。

ただ、最初にアリストテレスの哲学書を貸したのは失敗でしたね。1週間たって「どうだった?」と聞いたら「えっ?」という顔をしました。

「読んでねえな。難しすぎたか。「悪かった。これを読んでみ」と次は歴史小説にしました。「宮本武蔵を知っとるやろ。二刀流でな。面白いぞ。勝負に対するこだわりが書いてあるぞ」

『徳川家康』『三国志』から、長嶋茂雄さんや王貞治さんの本まで、色んな本を渡しました。松井はそれをちゃんと読みました。

心が変われば　行動が変わる
行動が変われば　習慣が変わる
習慣が変われば　人格が変わる
人格が変われば　運命が変わる

ぼくが生徒に贈り、グラウンドにも掲げていた言葉です。松井は両親の教育もあって、素晴らしい人間性を身につけていました。それを磨き上げていったんです。

本人が入学時に口にした目標は二つ。「甲子園に行きたい」「慶應大学に進学したい」
中学で捕手と投手をしていたから、まずピッチングをさせました。
「ダメや。お前の投げ方では肩を壊す。慶應に行っても10勝しかできんぞ」

捕手も考えましたが、実は頭が大きすぎて、彼に合うマスクがありませんでした。それで、「スターは顔を出さなきゃダメだ。松井、バッターで勝負しよう」ということになりました。

さらに、大きい目標を与えました。「1年で石川県ナンバー1、2年で北陸ナンバー1、3年で日本一になろう」

「長嶋さんや王さんのような選手になろう」とも言いました。周りは笑いましたが、そういう可能性が十分あると思ったからです。

1年の時は、4番ファースト。「王選手になれ」とハッパをかけました。

2年の時は、4番サード。今度は「長嶋選手になれ」と個人ノックを毎日浴びせました。おっとりしていて、おとなしい性格だったので、闘争心や反骨心を植え付けようという狙いもありました。「そんな球も捕れんのか！」「打つだけではダメやぞ」

容赦ないノックを、「クソー！」と言いながら受け続けました。

3年ではキャプテンにしました。リーダーとしての資質も身につけて欲しかったからです。

バッティングは規格外だし、守備もノックで鍛えれば伸びる。あとは足の速さもトップクラスにしたかった。いい方法はないかと、色んな人に話を聞いて回りました。すると、勾配15度の下り坂を走ると足が速くなるというアメリカの情報を見つけたんです。英語の先生に文献を訳してもらって、松井にも見せました。

ちょうど星稜のグラウンドには、バックネット裏に坂がある。ここを選手に走らせることにしました。松井も毎日のように走りました。

ある試合で二塁、三塁へ立て続けに盗塁させました。すると、スポーツ紙が「松井、足も速い」と取りあげたんです。本人もその気になり、いつの間にか、本当に足も速い選手になってしまいました。

日本の指導者は坂を見ると、下から上に走らせたくなります。鍛えることばかり考えるからです。自分の考えが正しいとは限りません。色んな人の意見を聞き、新しい情報を入れ、柔軟に考えることが大切だと再認識しました。

松井秀喜（まつい・ひでき）　1974年、石川県出身。星稜高では1、2年夏と3年春夏の計4回甲子園に出場。2年夏は本塁打を放つなどベスト4入りに貢献。3年春は3本塁打をマークした。同年夏は2戦目で5打席連続で敬遠されてチームも敗れた。ドラフト1位で巨人に入団すると本塁打王3度など、日本球界を代表する強打者として活躍した。2003年に大リーグのヤンキースに移籍。09年にはワールドシリーズMVPに輝いた。日米通算507本塁打。現役引退の翌13年、恩師の長嶋茂雄さんと国民栄誉賞を同時受賞した。

ゴルフをやらない僕になぜ？　やんちゃな教え子が名将に贈ったクラブ

星稜高校から最初にプロ野球選手になったのが小松辰雄さん。まだ甲子園出場が1回（1972年夏）しかない同校に75年に入学し、「プロに行きたい」と言うから驚いたと山下監督（当時）は懐かしむ。「この子はすぐ投げさせたらあかんな」と思った山下さんが出した指示とは……。

小松は能登半島の漁師町である富来町《とぎまち》（現・志賀町《しかまち》）の出身。お父さんは船乗りで、小松も船をこいで育ったから肩が強かったです。

能登の子はきかん気が強い、やんちゃ坊主が多い。小松もそうでした。

「監督、プロに行きたいです」といきなり言ってきました。しかも、「巨人軍の背番号

18が欲しい」と言う。こいつは投げさせたらあかんな。ガンガン投げてアピールしてくるぞ。しかも投げるフォームが大きい。すぐに肩を壊す危険があります。

どうしたらいいか。マウンドから捕手まで、正規の18・44メートルでピッチングさせないようにしました。まず14メートルから投げさせる。短い距離でコントロールを意識させる。細かいことにも気づく性格になって欲しいという狙いもありました。18・44メートルまで1カ月半かけて、15メートル、16メートルと徐々に距離を延ばしていく。その間、徹底的に走らせて下半身の土台をつくりました。

「プロに行きたいなら走らなあかんよ」

そんな話をすると、素直に聞いて、朝晩は自分でランニングをしていましたね。

ある日、野球部長がブルペンでカーブを教えていたので、「余計なことをするな。こいつはプロを目指すんやから、真っすぐだけで1年は勝負させるんや」と叱ったこともありました。

小松は順調に才能を伸ばしていきました。大変だったのはキャッチャーです。球が速くて重いから、受けるだけでケガをしてしまう。ミットにスポンジを足し、ブルペンで

第59回全国高校野球選手権大会1回戦の智弁学園（紀和）戦で投げる星稜（北陸）の小松辰雄投手＝1977年8月8日

は氷水を脇に置いて受けさせたものです。

小松が2年生になった76年夏、星稜は2回目の甲子園出場を果たしました。小松は初戦の2回戦を2安打完封し、1－0で勝利。3回戦は強豪の天理（奈良）に3－2で競り勝ちました。準々決勝は豊見城（沖縄）を4安打に抑え、赤嶺賢勇投手との投手戦を1－0で制しました。準決勝で優勝した桜美林（西東京）に1－4で敗れましたが、ベスト4進出の立役者になってくれました。

3年生の春夏も甲子園に出場しましたが、どちらも初戦敗退。最後の夏は智弁学園（紀和）の山口哲治投手との投げ合いでした。

相手の監督は高嶋仁さん（元智弁和歌山監督）。試合前、ブルペンで投げる小松を観察し、「本調子やない。エンジンがかかる前に点をとれ！」と指示したそうで、一回と二回に1点ずつをとられました。実はキャッチャーミットを宿舎に忘れて、小松は思いきり投球練習をできていなかったんです。うちの異変を見事に見抜かれていました。

高嶋さんの見立て通り、小松はエンジンがかかった中盤以降は智弁に得点を許しませんでしたが、打線が山口投手を攻略できず、1－2で涙をのみました。


小松は学校の近くで下宿していたから、週末はよく、他の下宿生と一緒に中華料理店に連れていきました。郡部から出てきた子どもらは、中華と言えばラーメンとチャーハンしか知らない。麻婆《マーボー》豆腐や肉団子を注文してやると、「監督、これなんですか」「うまいですねえ」と大喜びするんです。

数年後、バスで名古屋遠征に行くと、中日に入団した小松が試合会場に来てくれました。「監督、ぼくの車についてきてください」という。すると、行きつけの中華料理店に案内してくれ、生徒にこう告げました。

「好きなもんを好きなだけ食え。監督がおったら、食べづらいやろうから、おれは監督と家で待っている」

生徒にごちそうしてくれるというんです。

「小松、悪いなあ。高いやろ」

「なに言ってるんですか、監督、安いもんですよ。ぼくは3年間、いろいろ食べさせてもらった。後輩たちに同じ思いをさせてやりたいんです」

うれしかったです。涙が出そうになりました。


こんなこともありました。星稜は80年代に4年間、甲子園に出られませんでした。ぼくにとっても苦しい時期でした。

ある日、小松からでっかい段ボールが届きました。中身はゴルフセット。ぼくがゴルフをやらないことは知っているはずです。

そうか、小松はぼくに、「余裕を持ってください」と言いたいんだな。ゴルフはやりませんが、小松がくれたゴルフセットを毎日磨きました。すると、また甲子園に出られるようになりました。

生徒を育てると言うが、生徒に育てられることの方が多いです。ぼくは生徒に育ててもらいました。

2022年から母校（門前高校）の野球指導アドバイザーになると報道されると、すぐ電話してきて、「監督、いつでも門前に行きますよ」と言ってくれたのも小松でした。

小松辰雄（こまつ・たつお）　1959年、石川県出身。星稜高で2年（76年）夏、3年（77年）春夏と甲子園に3回出場し、2年夏はベスト4進出の原動力となった。ドラフト2位で中日に入団。プロ2年目の79年に初勝利。速球派投手として2度のリーグ優勝に貢献し、「スピードガンの申し子」と呼ばれた。最多勝2度、最優秀防御率、最多奪三振、沢村賞各1度。94年シーズン限りで現役を引退し、投手コーチを務めた。

松井秀喜からの電話と教え子の贈り物　予言に導かれたONシリーズ

教え子の試合で忘れられないのは「2000年の日本シリーズ」と、星稜の山下元監督は語る。巨人が日本一になる瞬間を東京ドームで見届けることになったのはなぜか。「ONシリーズ」の裏側にある秘話を語ってくれた。

ぼくが忘れられない試合は、王貞治監督のダイエー（現ソフトバンク）と長嶋茂雄監督の巨人が激突した、いわゆる「ONシリーズ」。星稜としても感慨深いシリーズでした。

巨人に松井秀喜、ダイエーに湯《ゆ》上谷《がみだに》宏（登録名・湯上谷竑志）と村松有人が在籍しており、本校OBが3人も出場しました。

ぼくも観戦しに行きたいと思いましたが、授業も部活動もあるから駆けつけられない。そうこうしているうちに巨人が3勝2敗で日本一に王手をかけました。

そしたら、松井から電話がかかってきたんです。

「きょう決まると長嶋さんも言ってますから、監督、ぜひ来てください。チケットは用意しておきます」

長嶋さんは一気に勝てるという確信があったのでしょう。すごいなあと感じながら校長に相談したら、「山下くん、行きたいんだろ？　学校の代表として行ってきなさい」と笑顔で許可してくれたので、急いで東京ドームに向かいました。教え子たちのおかげで素晴らしい経験をさせてもらいました。

実はこのシリーズのあと、1個のサインボールが送られてきました。長嶋さん、王さんと湯上谷、村松、松井のサインが、一つのボールに入っている。湯上谷が提案し、松井に用意させたのだと思います。社会に出て色々な形で頑張っている教え子たちが、ぼくにとっては宝物なのだが、手元に残っているものとしては、このボールが一番の宝物になっています。

湯上谷は富山県黒部市の出身。事前情報がまったくなかったので、入学してからプレーを見て驚きました。チョウが飛ぶように走る。キャッチボールをすれば、スナップの利いたボールを投げる。とにかくセンスが抜群でした。

富山の子はおとなしい子が多く、主将やマネジャーに「よくみてやれ」と声をかけました。上級生や同級生から、変なやっかみを受けないようにも注意しました。湯上谷はノビノビと本来の実力を発揮し、すぐ頭角を現しました。1年夏からベンチに入れ、ショートを守らせました。投手をやっても度胸があります。新チームでは、大事な試合ではマウンドを任せました。

今でいう投打の「二刀流」で、湯上谷は甲子園に春夏計4回（1982年夏、83年春、84年春夏）出場しました。

ドラフト2位で南海（現ソフトバンク）に入団すると、1年目（85年）から1軍でプレーしました。同じチームには88年に村田勝喜（元中日）が入団して速球派投手として活躍し、91年からは村松もお世話になりました。

ダイエーになって本拠地が大阪から福岡に移っていたため、激励に行くのは難しかったですが、オリックス戦（神戸）には何度か出かけました。これも教え子たちのおかげだと感謝しています。

村松はお父さんの転勤で福井県の中学に通いましたが、生まれは金沢市。足が速かったので、高校では投手から外野手に転向させました。

石川県は3地区に分類することができます。ぼくのイメージでは、「能登」の子はきかん気が強い。小松辰雄のように投手や三塁手が向いています。「加賀」の子はおっとりしている。松井が典型です。外野や一塁手がいい。「金沢」の子は利発というか、ずるがしこい。だから、捕手や二遊間でいい働きができます。

村松は金沢の子のわりにはおとなしかった。アグレッシブに動かそうと新聞配達をさせました。雨が降ろうが、雪が降ろうが、最後までやり通すねちっこさも、新聞配達で身につけました。

高校野球を通じて生徒の心をつくる。それぞれの性格や特性を生かしながらチームをつくると同時に、社会で立派に生きていけるよう性格を変え、特性を伸ばしてあげる。村松は毎朝、お寺の鐘を聞きながら新聞配達をしていたら、心が落ち着いてきたといいます。そこで和尚さんに話を聞きに行ったそうです。卒業後も帰省の際に立ち寄り、色んなことを教わっていると言っていました。

湯上谷宏（ゆがみだに・ひろし）　1994年から登録名は湯上谷竑志。1966年、富山県出身。星稜高では82年夏、83年春、84年春夏と甲子園に4回出場。84年のドラフト会議で南海（現ソフトバンク）から2位指名を受けて入団。1年目から1軍でプレーした。二塁手のレギュラーのほか、内外野どこでも守れる万能選手として活躍した。2000年日本シリーズを最後に現役を引退し、ソフトバンクのコーチなどを務めた。

村松有人（むらまつ・ありひと）　1972年、金沢市出身。中学時代は福井県内で過ごし、星稜高に入学。外野手として89、90年夏と甲子園に出場した。90年は1年生4番の松井秀喜選手のあとの5番を打った。同年のドラフト6位でダイエー入団。96年に盗塁王になるなど活躍した。2003年にはサイクル安打を達成。オリックスに移籍した04年にはアテネ五輪に出場している。09年に古巣（ソフトバンク）に復帰し、10年シーズン限りで現役引退。同球団スカウトを経て、現在は外野守備走塁コーチ。

《愛工大名電》
中村豪監督

［取材・構成　安藤嘉浩］

中村　豪（なかむら・たけし）―1942年、名古屋市出身。愛知学院大、電電東海（現NTT東海）を経て、78年8月から97年まで母校・愛工大名電（旧名古屋電気）高監督。工藤公康（元ソフトバンク監督）、イチロー（元マリナーズ）、山﨑武司（元中日）ら教え子14人をプロ野球に送り出した。甲子園出場は春2回、夏3回で、81年夏は4強入り。在任中は社会科教諭。豊田大谷高の監督も務め、現在は愛知県立吉良高校の野球部アドバイザー。

（写真：2007年10月）

イチローは泣かなかった。高校最後の夏、敗れ、走り寄った金網越しに

中村豪《たけし》さんは愛工大名電（愛知）の監督を約20年にわたって務め、教え子14人をプロ野球に送り出した。「おれは選手を型にはめんから、それがよかったんかな」と柔和な笑顔で語る中村さんに、イチロー選手との3年間を振り返ってもらった。

イチローはね、中京（現中京大中京）や東邦も欲しがった選手なの。だけど、うちに来てくれた。おれのところなら、変にいじらず育ててくれると思ったんやないかな。

初めて会った時、口数は少ないけど、自信の塊のような目をしとったのが印象深い。

「ぼくの目標は甲子園ではありません。プロ野球選手にしてください」と、はっきり言っとったね。モヤシみたいにヒョロヒョロ（当時、身長170センチ体重55キロ）やった

が、すごいことを言うなと感心した。

しかも、中学の校長先生によると、成績はオール5に近い。その先生に「この子は県立の進学校に行けば、東大も狙える生徒なんやから、野球なんかさせんで欲しい」と言われて参ったよ。だから、イチローは成績特待生で名電に入ったんだわ。

すぐに試合で使った。3月の終わりに入寮して練習に参加したから、わしの方が使いたくてウズウズしてね。4月2日の練習試合で、3番ライトで起用した。2打席目に、さっそくセンター前ヒット。上々のデビューだった。

ところが、その次を失敗した。投手としても期待しとったから、5月に松商学園（長野）との練習試合で登板させたんだ。中原英孝さん（当時監督）に「うちにも、ええ子が入ったんや」と自慢した

愛工大名電３年の選抜高校野球大会に投手として出場した鈴木一朗（イチロー）選手＝1991年３月29日

かったんだわ。星稜（石川）の山下智茂さん（当時監督）も翌年、松井秀喜が入学したとき、うちとの試合に連れてきて、自慢しとったよ。

それで松商戦でイチローを八回から投げさせたの。そしたら、1死も取れず、4点ぐらい取られてノックアウトされちゃった。

うちは全寮制なんだけど、自宅に帰る日をつくっている。その試合の後が、ちょうどそうだった。よっぽどショックだったんだろうね。野球をやめたいと、家でお父さんに言ったらしい。

「やめたらいいがね。お前は成績特待生やから、勉強すればいい」

おれは突き放したね。イチローを叱ったのは、あれが最初で最後じゃないかな。


体は小さかったけど、負けず嫌いでね。当時はよく、上半身裸になって相撲をさせたんだ。イチローは先輩に投げられても、ムキになってかかっていったね。

投手をしている時もそうなんだ。打たれたり、四球を出したりすると、よけいムキになって自滅する。「もっと冷静になれんか」と話したこともあったけど、なかなか治らんかったね。

人とつるむタイプではなかったが、一匹おおかみでもなかった。仲間がふざけているのを見て、「アホらし」と笑っている感じ。リーダータイプじゃないから主将にしなかった。

本人は「エースで4番、キャプテンがしたかった」と言っていたみたいだが、投打の中心選手だし、負担が大きいから、やめといた方がよかったと思うよ。

練習はよくやった。ただし、人前ではしない。夜中に1人でランニングしたり、夕飯後のだんらん中に抜け出して素振りに行ったり。野菜嫌いの偏食は治せんかったが、モヤシのようだった体も、180センチ、72キロまで大きくなった。


イチローは2年夏と3年春に甲子園に出た。でも、勝てなかった。2年夏は3番レフトで1回に中前ヒットを打ったけど、その後は3打数無安打。チームも天理（奈良）に1－6の完敗やった。3番ピッチャーで出場した3年春は、松商学園に2－3で敗れた。イチローは完投して被安打10。打っては5打数無安打に終わった。だから、イチローは甲子園に、いい思い出がないんじゃないかな。

最後の夏は、愛知大会の決勝で東邦に負けてしまった。イチローを後ろで投げさせて甲子園を決める作戦だったが、先発が打ち込まれてしまった。

イチローは泣かんかったね。1人だけユニホームを着られなかった3年生部員がいるスタンドに走り寄り、金網越しに「ゴメンな」と声をかけていた。

テレビ局のインタビューでは「ぼくは悲しくないですが、そのまま言っていいですか。それとも、ここは悲しみにうちひしがれているようなコメントの方がいいですか」と前置きしたと聞いた。

プロという目標があったからなんだろうね。イチローは高校野球が終わっても、何も変わらなかった。退寮して自宅通いになった翌日から、練習を再開した。目標に向かって自分を磨き続けていた。

イチローを育てたなんて、おこがましいね。おれは何も教えとらん。むしろ、あいつと一緒に野球をやったのが、おれの誇りだわな。

イチロー　本名は鈴木一朗（すずき・いちろう）。1973年、愛知県豊山町出身。愛工大名電高では2年夏と3年春に甲子園出場。ドラフト4位で92年にオリックス入団。3年目の94年にプロ野球記録となる210安打を放つなど、7年連続でパ・リーグ首位打者に。95、96年にはオリックスの優勝に貢献した。2001年、大リーグのマリナーズに移籍。1年目に首位打者、盗塁王に輝き、04年には大リーグの年間最多安打記録を塗り替えた（262本）。日米通算4367安打（日本1278、大リーグ3089）を記録し、19年3月に現役を引退した。

やんちゃだった高校時代　あの名監督がランニングで見せた意外な一面

中村さんが1978年秋に名古屋電気（現愛工大名電＝愛知）高校の野球部監督になった翌年春、工藤公康さんが入学してきた。「あの学年はいい選手が多くて、3人がドラフトで指名された。これは甲子園に行けるかもしれんと思ったね」と中村さんは振り返る。

うちに来ると最初に決めてくれたのは、山本幸二やった。地元では有名な大型捕手で、ドラフト2位で巨人に指名された。
こいつに見合う投手はおらんかなあ、と思って出かけた中学生の大会で、工藤を見たのよ。いい球をほうっていたね。当時からカーブがよかったよ。うちに来てくれんかなあ、と思ったら、来てくれた。うれしかったね。当時は中京（現中京大中京）、東邦、享栄が絶対的な存在で、いい選手はなかなか名電に来てくれなかったからね。

さらに中村稔も来てくれた。あいつは日本ハムからドラフト3位で指名されたのかな。その後は長くプロ野球で審判員をしとったね。1学年下には高橋雅裕がおって、中村と二遊間を組んだ。高橋もドラフト4位で大洋（現DeNA）に入って活躍したから、なかなかのメンバーだったわな。

名古屋電気３年夏の甲子園大会で４強入りの原動力となった工藤公康投手＝1981年８月

ただ、工藤は口が達者で、ひと言多かった。入学早々に先輩が理不尽だと言って、仲間と一緒に寮を脱走したことがあった。先輩に目をつけられるタイプだわ。だから、3年生の鴻野淳基（1979年ドラフト西武1位）と同じ部屋に入れて、「面倒を見たってくれ」と話した。
放課後は学校からグラウンドまでの13キロを、毎日走らせた。マイクロバスで先輩と一緒に移動するより、いいと思ってね。あいつはそれを18歳の誕生日（5月5日）

まで続けた。気づいたら、げっそり痩せちゃってるもんだから、そこでやめさせたんだ。

そういう意味では真面目な生徒だったね。あの大きく落ちるカーブは、強い下半身があったからこそ投げられたんだと思うよ。

ストライクゾーンを9分割したボードをつくり、1カ所を空けて投げる練習もさせたね。全体にラバーを貼ってあるから、空けた場所に入らなければ跳ね返ってくる。そしたら、バント処理の練習だ。そうやって制球力を身につけさせたね。

やんちゃだから、マウンドで「しっかりやれ」と仲間を怒ることもあった。だから、「お前、それはいかんぞ」と叱ったよ。「1人でやってみろ。自分で投げて、自分でサードゴロを捕って一塁に送球して、それを自分で捕れるか。できんやろ」とね。


愛知で勝つのは大変でね。なかなか勝てなかった。先に有名になったのは大府の槙原寛己（元巨人）だ。3年春の選抜大会に出場して注目された。

「ええなあ、槙原、甲子園であんなに活躍して」と工藤が言うから、「たわけ。槙原に勝たんと甲子園はないぞ」とハッパをかけたよ。

そしたら春の県大会で当たって、熱田球場の場外に工藤が本塁打を打って7－1で勝った。その勢いで東海大会に出場し、これは夏に向けて期待できるぞと思ったら、その2回戦で延長十二回に5連続四球でサヨナラ負けしてしまった。ストライクと思われた球をボールと判定されて、工藤がカッカしちゃったんだわな。「野球がいやになった」「もう、やってられん」と言い出し、立て直すのが大変やった。

2年生にもいい左投手がいたから、夏は彼で勝負しようという意見もあった。だけど、「ここまで来たんやから工藤でいく」とおれは譲らんかった。

夏の愛知大会でも大ピンチがあった。5回戦で右目付近に死球を受けたんだ。流血してユニホームは真っ赤。工藤は意識もうろうという状態で、医者も看護師も続投は無理だと言うんだ。おれは「将来のためにも工藤に投げさせたい」とお願いしたね。本人も目をむいて「投げます」と言ってくれた。

今なら許されないことだが、工藤を続投させた。あいつは控え選手のユニホームに着替えて、完封勝利を飾ったんだ。そうやって、おれを初めて甲子園に連れていってくれた。

甲子園の初戦（2回戦）では、長崎西を相手に無安打無得点試合を達成した。わしは「狙え！　狙え！」とハッパをかけたよ。あいつはケツをたたくぐらいが、ちょうどいいんだ。

3回戦は強豪の北陽（大阪）を相手に延長十二回で21奪三振。中村のサヨナラ本塁打で勝った。準々決勝の志度商（香川）戦では工藤が本塁打を打って、2安打完封勝利で勝ち上がった。

あのチームはふだんはバラバラ。全然つるまないような連中が、野球になると一つになる。大人のようなチームだったね。

ただ、ここまで来て、工藤が「おれ就職するから、これ以上勝つと、海にも行けんようになる。明日、負けよう」と言い出してね。「明日勝ったら決勝やぞ。なにを言っとるんだ」と叱ったが、体力的にも限界だったね。準決勝は金村義明（元近鉄）の報徳学園（兵庫）に1－3で敗れた。

プロ野球での活躍ぶりは想像できたが、監督としても能力があるとは意外やったね。

一緒に野球をしたものとしては、うれしい限りだね。

工藤公康（くどう・きみやす） 1963年、豊明市出身。名古屋電気（現愛工大名電）高の左腕エースとして81年夏の甲子園でベスト4。同年秋のドラフト会議で西武から6位指名を受けて入団。西武、ダイエー（現ソフトバンク）、巨人などでプロ通算224勝をあげた。2015年からソフトバンクの監督を7年務め、日本一に5度輝いた。

練習せずとも403本塁打した彼「うなぎ、食べよまい」が示す心根

中日、楽天などで通算403本塁打を放った山﨑武司さんについて、「練習はやらんかったね」と愛工大名電高校の中村豪元監督は笑う。だからこそ、プロ野球で成功できたのかもしれないと名将は語る。

山﨑は高校時代から背筋力が260キロもあった。プロレスラーやお相撲さん並みや。打球がめちゃくちゃ飛ぶんだわ。うちは庄内川沿いにグラウンドがあるんだけど、堤防道路を走る車に当たりそうでね。名古屋市にお願いして特例で防球ネットをたててもらったぐらいや。

もともとは兄貴がうちの卒業生で、教育実習に来とった。それで、弟が中学生で野球

をしとると聞いたんや。プレーするところを見たら、めちゃくちゃ打つがね。この子はぜひ、うちに来てもらいたいなあ、ということになったんや。

ただ、練習はやらんかったね。やらんでも、打っちゃうから。もうちょっと練習しとったら、もっとすごい選手になっとったかもしれんわな。

いや、そうとも言えんか。練習は「やれ」と言われて、やるもんじゃないでね。自主的にやらんとね。自分でちゃんとやれるようにならんと、身につかんわな。

プロで山﨑がレギュラーになり、本塁打王を獲得したのは10年目でしょ。そんだけ芽が出なかったら、ふつうなら「2軍ずれ」するよ。

おれのとこに来ては、「使ってくれれば30本塁打は打てるんや」というから、「そういうことは打ってから言うもんや」とたしなめたもんや。性格がおおらかなんだな。だから、腐らずに野球を続けられたんじゃないかな。

星野仙一さんが中日の監督に復帰し、「20キロ減量しろ」と言われたらしいね。それで体重を88キロまで絞り込んだら、試合に使ってもらえるようになり、いきなり39本で

愛工大名電のユニホームを着てマスターズ甲子園の愛知県大会に出場した山﨑武司さん（左）と中村豪元監督＝2020年２月23日

本塁打王だからね。感謝せんといかんわな。

「ええか、いざ刀を抜いたときに、さびとったらいかん。抜いたときに、キラッと光っとらなあかんぞ」

そうアドバイスしたもんだが、あいつなりに、きちんと刀を磨いとったんだろうな。

おれが監督を辞めたときは、発起人になって記念パーティーを開いてくれた。そのときにもらった高級腕時計は、おれの宝物だわ。山﨑が選んでくれたらしい。

あいつは今でも、よく遊びに来てくれるよ。こないだも「監督、うなぎを食べよまい」と言ってきた。新しい運動靴を送ってくれたり、でっかいTシャツを持ってきてくれたり。なにかと気にかけてくれる。優しい子だわな。

OBチームを組んで青春時代の夢を追う「マスターズ甲子園」の県大会にも誘ってくれてね。ユニホームを着て教え子と一緒にグラウンドに出ると、気持ちが若返るね。

山﨑武司（やまさき・たけし）　１９６８年、愛知県出身。愛工大名電高では捕手として2年夏に愛知大会決勝進出、東邦に敗れた。３年時は主将を務めた。甲子園出場はないが、通算56本塁打を放ち、ドラフト2位で87年に中日入団。10年目の96年にレギュラーに定着し、39本塁打で本塁打王に。オリックスを経て楽天に移籍し、２００７年に43本塁打、１０８打点で2冠を獲得した。中日に復帰し、13年限りで現役を引退。通算４０３本塁打。現在は野球解説者。

《帝京》
前田三夫監督

[取材・構成　安藤嘉浩]

前田三夫（まえだ・みつお）
1949年生まれ。千葉県袖ケ浦市（旧君津郡袖ヶ浦町）出身。木更津中央高（現木更津総合高）から帝京大に進み、大学時代は4年間補欠だった。現役時代は三塁手。72年の卒業と同時に帝京高の監督に就任した。78年春に甲子園初出場し、89年夏にエース吉岡雄二（元巨人など）を擁し、初の全国制覇を果たした。92年春、95年夏にも優勝を飾った。2021年夏を最後に監督退任。甲子園通算勝利数は春夏合わせて51勝。主な教え子に森本稀哲（元日本ハムなど）、中村晃（ソフトバンク）、山﨑康晃（DeNA）ら。
（写真：2020年1月）

「先生に笑われますよ」　ベイ山﨑康晃が師に隠したキャリアアップ

横浜DeNAベイスターズの抑え投手、山﨑康晃は、野球エリートではなかった。「ちょっと問題はあるけど、可能性がある子を育てるのが好きだった」と語る帝京高校の野球部前監督、前田三夫さんにとっても、印象深い教え子のひとりだという。

山﨑はうちを卒業した森本稀哲《ひちょり》（元日本ハム）の実家の近くで育った子です。不思議な縁というのはありますね。小さいころから森本に憧れ、かわいがってもらったというんです。

それで中学3年のとき、帝京に入りたいと言っていると、森本のお母さんが連れてきてくれました。ぼくは彼のプレーを見たことがなかった。入学して練習に参加すると、いいものを持っているんだ。１年秋には球速が１４０キロを超えましたよ。

ただ、勉強が嫌いな子でね。授業で出る宿題や課題がたまる一方だったんです。そこで部室に机と椅子を持ち込み、「今日は練習はいい。宿題をやりなさい」と指示しました。１年生の時かな。ところが、１週間ほど続けたら、山﨑が部室に来ないで帰ってしまったんです。すぐに、山﨑のお母さんから電話が来ました。山﨑は当時、お母さんと暮らしていました。「もうやめると言って、私の言うことを聞きません」というんです。

「監督さん、見捨てないでください。この子がいなかったら、私は生きていけません」

フィリピン出身のベリアさん（山﨑の母）は、電話口で号泣していました。そこで事情を説明し、「とにかく学校に来させてください」とお願いしました。校門で待っていると、山﨑はベリアさんとタクシーでやってきました。

ぼくは、野球しかできない、いわゆる「野球バカ」をつくらないよう心がけてきました。せっかく大学に進学しても授業についていけなかったり、社会に出てから通用しなかったりするようでは、野球を頑張っても意味がないでしょ。そうならないよう、勉強するに越したことはない。だからといって、難しいことは求めません。授業をちゃんと聞き、宿題が出たら提出しなさい、と。要領のいい生徒は休み時間や練習前に、ササッとこなします。

山﨑はそれができない。帰宅する時間帯に電話をかけ、「宿題をやっとけよ」と話したこともあるが、改める様子がなかった。学校に来た山﨑に、ぼくは「宿題はみんなやっている。お前だけが大変なわけじゃないんだ」という話をしました。そして、「お母さんを泣かせちゃだめじゃないか」と諭しました。

そうして山﨑は練習に戻ることになりました。ユニホーム姿の彼の肩を、ベリアさんがポンッとたたいて送り出したのをよく覚えていますよ。

それで吹っ切れたんでしょう。山﨑は明るさを取り戻し、学校生活を送りました。2年夏と3年春には甲子園に出場し、ともに準々決勝まで勝ち進みました。

ただ、背番号は二ケタでした。140キロ台の直球を投げて満足しているような甘い面が見られたからです。それでも、最後の夏に向けて一からやり直そうと努力する姿を見て、背番号「1」を与えました。

東東京大会は、しかし、5回戦で敗退。先発の山﨑が打ち込まれた結果でした。

彼の2学年上には高島祥平（元中日）と杉谷拳士（元日本ハム）、1学年上には原口文仁（阪神）がいて、みんな高校から直接プロ野球に進んでいます。山﨑の憧れだった森本もそうです。だから、本人も夢を見たのでしょう。「お母さんを助けたい。プロに行きたい」と言う。

「お前さんが指名される可能性はないよ。断言したっていい。その時、現実を受け止められるのか？」

帝京高３年夏の山﨑康晃投手
＝2010年7月

ぼくは、あえて厳しい口調で話しました。

実はこの時、亜細亜大学からぜひ進学して欲しいという打診が来ていたんです。スポーツ推薦枠を使えば、授業料の負担も少ないという。本人の希望でプロ志望届を提出すること、性格的に甘い面があることを伝えると、「2学年上の東浜巨《なお》（現ソフトバンク）と同部屋にする」とまで言ってくれました。

やはりドラフト会議では指名はなく、本人は大泣きしたそうです。翌日、進路面談で亜大進学を提案しました。「練習や規律が厳しい大学だが、挑戦してみるか」。山﨑は真剣なまなざしで、うなずいていました。

その後の飛躍は、ひとえに亜大のおかげです。3年秋の明治神宮野球大会の会場でぼくを見かけ、「監督さん！」と山﨑が声をかけてきました。「でっかくなったなあ」。体も人間も成長した姿に、思わず顔がほころびました。

さらに驚いたのは、学校に来て、教員免許の取得を目指していると打ち明けてきたときです。「あの勉強嫌いのお前が？」。山﨑には申し訳ないが、つい思ってしまいました。本人も照れくさかったのでしょう。「どこで教育実習をやるんだ？　うちに来いよ」と話しましたが、「行けません。先生方に笑われますよ」と断られてしまいました。

「教職をとれば、将来、子どもたちに野球を教えることができる。一生懸命頑張りなさい」

そう激励しましたが、文武両道を貫いた山﨑なら、プロでも活躍できるだろうと感じたのを覚えています。

様々な苦労を乗り越え、自分自身を磨き、人間を作り上げてきました。プロ入り後は活躍するだけでなく、グラブをプレゼントする活動などもしていると聞きます。うちが横浜市内で練習試合をすると、どこで聞いたのか差し入れを持ってきてくれたり、東京ドームのナイター前にフラッと学校に顔を出してくれたりします。「選手を激励していいですか」と言って、一生懸命に話をしてくれます。そういう人間に育ってくれたのが、何よりもうれしいですね。

山﨑康晃（やまさき・やすあき）　１９９２年、東京都荒川区出身。帝京高では2年夏、3年春に甲子園でベスト8も、自身はともに敗れた準々決勝でリリーフ登板のみだった。背番号1をつけた3年夏は東東京大会5回戦敗退。亜細亜大学では1年春から活躍し、チームの6連覇に貢献し、大学日本代表にも選出された。２０１４年秋のドラフト1位でＤｅＮＡに入団。1年目から37セーブをあげ、新人王を獲得した。18、19年は最多セーブ。

21年は東京五輪に日本代表チームの一員として参加し、金メダルを獲得した。2022年8月に、史上最年少の29歳10カ月で通算200セーブを達成。

ホークス中村晃の原点　ダルマのような体をつくった恩師の贈り物

ソフトバンクの中村晃選手の実家には、帝京高校時代に愛用したあるものが、いまも保管されているという。贈り主でもある恩師の前田三夫さんが教えてくれた。

中村晃は中学時代から、体はでかくないが、打球を遠くへ飛ばす力がありました。だから、入学してすぐに試合で使いましたよ。1年夏からベンチ入りさせ、秋からは不動の4番に。上級生が不平を言えないぐらい、勝負強さも発揮しました。

実家は埼玉県朝霞市。うちは合宿所はなく、部員は基本的に自宅から通学しています。食事の管理が難しい分、お昼は部室に集まり、みんなで一緒にお弁当を食べさせました。一人ひとりをじっくり見るわけではなく、さーっと見て回る。お弁当の量や、どんなおかずが好きなのかをチェックしたり、食欲が落ちている生徒がいないかを確認したりするためです。

中村のお弁当は小さかったですね。言い方はよくないかもしれないが、女の子のお弁当みたいでした。

「これで腹いっぱいになるのか?」

「はい、なんとか」

これでは体が大きくなりません。そこで、でっかいプラスチック容器を買ってきて、あいつに渡しました。

「明日からこれを使え」

「これですか?」

「当たり前だ。これぐらい食わなきゃ、体が大きくならないぞ」

学校は知育、徳育、体育というが、ぼくはそこに、「食育」を加えたかった。のちに、帝京の「3合飯」なんて言われたが、スポーツ選手にとって、食事の質と量はとても大事です。ある人から「18歳までの食事が大切」と聞いたことがあります。高校生を預かる立場としては、この3年間の食事をどうとらせるかがとても重要だと考えていました。

ぼくは寮をつくろうという提案をしたことがありません。部活動が終わったら家族のもとに帰り、お母さんが作った温かいご飯を食べて欲しいからです。保護者の皆さんには、「疲れて家に帰ってきたら、温かいものを作って食べさせてあげてください。食事は体づくりの基本です。みなさんが指導してください」とお願いしてきました。

中村は次第に、食が太くなっていきました。食事量が増えるほどに、体がどんどんでかくなった。トレーニングをしているから、太りはしない。例えて言えば、ダルマさんのようになっていきました。

彼の勝負強さは天性のものでしょう。ソフトバンクでも、「スナイパー」と呼ばれていると聞いてます。ここ一番で打って欲しいときは、まず間違いなく打ちました。

1度だけ甲子園で打てなかったとき、「今度凡打したら交代させるぞ」とハッパをかけたら、ぼくをにらみつけてきました。そして、次の打席で見事に打った。そういう選手でした。常に冷静で、成績も良かった。評定値は4・5。当時は勉強もできる生徒が

帝京高3年夏の東・西東京大会開会式で選手宣誓をする中村晃主将＝2007年7月13日

多かったですね。

そういう選手たちは、不思議と感動的な試合をするもの。中村が2年生の夏は、智弁和歌山との壮絶な試合（12－13）をしてくれました。

卒業してプロ入りしてからも、若いころはオフになると、練習をするために帰って来ました。シーズンが終わると、学校に荷物が届く。バットやボールを送ってくるんです。正月も体を動かしたいというから、ぼくも休めない。カギの開け閉めをしなきゃいけないからです。

本当に真面目で、野球に真摯《しんし》に取り組む。中村のそういう姿を、後輩の杉谷拳士（元日本ハム）や原口文仁（阪神）らも見ていました。これ以上にない手本となってくれました。

高校時代にぼくがあげたプラスチック容器は、今も実家に残していると言っていました。「そうか、お前の原点だからな」なんて答えましたが、その話を聞いた時は、正直うれしかったですよ。

中村　晃（なかむら・あきら）　1989年、埼玉県朝霞市出身。帝京高では1年夏からベンチ入りし、最後の1年間は主将を務めた。2年夏から3季連続で甲子園に出場し、2年夏と3年夏はベスト8、3年春はベスト4に進出した。2007年秋の高校生ドラフト3巡目指名でソフトバンクに入団。4年目の11年から出場機会を増やし、14年に最多安打（176本）のタイトルを獲得。ソフトバンクの中心打者として活躍している。身長175センチ、体重80キロ。

原点は「前田の野郎!」 そしてヤクルト清水昇の心は折れなくなった

ヤクルトのセットアッパーとしてセ・リーグ連覇に貢献した清水昇投手は、帝京高校時代からコントロールのいい投手だった。監督として指導した前田三夫さんは「彼ほど地道に、ジワジワとぼくに迫ってきた子はいなかった」と当時を懐かしむ。

清水はお父さんも元高校球児で、お母さん、お姉さんもスポーツをされていたそう。いわばスポーツ一家で、どちらかと言えば大切に育てられた感じがしました。その分、挫折を知らないというのかな。

足りないものはハートの強さでした。だから、ずいぶん厳しい言葉を使って指導しました。はねつけるようにした時期がありましたよ。

1年秋からエースになりました。とても真面目な子で練習も一生懸命するし、冷静さもある。ただ、もう一押しというかな。ぼくとしては殻を破って欲しいという思いがありました。

2年春の都大会準決勝の三回、先頭打者を死球で出すと弱気になって日大鶴ヶ丘に2点をとられたので交代させました。

「帝京のエース番号が歴代でお前ほど似合わない男はいないな」

清水に、そう言いました。彼はいい投手だが、めっぽう速いボールを投げられるとか、鋭い切れの変化球があるとか、なにかに秀でたタイプではありませんでした。コントロールで勝負する子だからこそ、ハートの強さが大切になってきます。そう感じていたので、あえて激しい言葉で責めました。清水はひるまなかったですね。

この試合は延長戦の末に何とか勝利したので、翌日の決勝でも清水を先発させました。相手は日大三。一回、いきなり1死二、三塁のピンチを背負いましたが、ボールを低めに集め、無失点で切り抜けました。この試合は強い気持ちと冷静さを失わずに投げ続け、延長十一回を8安打、11奪三振、2失点で完投したんです。

帝京高3年夏の東東京大会決勝で延長十回の末に惜敗した清水昇投手＝2014年7月29日

「どうですか、監督さん」

「文句はありますか」

清水はそういう感じで、ジワジワとぼくに近づいてきました。すごい根性ですよ。もし途中で、生徒の心が折れそうになったり、腐ったりするようであれば、また別の方法があります。しかし、清水は違いましたね。「なにくそ」「前田の野郎」という気持ちをエネルギーに変え、食らいついてきました。

残念ながら甲子園に縁はなかったが、最後の夏の東東京大会決勝も素晴らしい投球でした。これなら心配ないと、国学院大に送り出しました。

4学年上の山﨑康晃（DeNA）と同じように、ヤクルトでいいポジションを与えてもらっています。プロ野球のボールの強さがどのぐらいなのか、ぼくには分からないが、清水はコントロールがいいから、1イニング限定などのリリーフなら、彼の能力が十分発揮されると思います。
ぼくが監督をやめたあと、自分のユニホームを持って学校に来てくれました。「ご苦労様でした」と言って、ヤクルトのジャンパーもプレゼントしてくれましたよ。「どこで着るんだよ」と言った後、「よし、お前の応援に行くときに着させてもらうよ」と伝えました。立派に成長した姿を見せてくれるのが、何よりもうれしいことです。

清水　昇（しみず・のぼる）　１９９６年、東京都足立区出身。駿台学園中では軟式野球部3年で全国大会（全中）ベスト8。帝京高で1年秋からエースとなったが、甲子園出場はなし。国学院大では東都大学リーグ通算13勝。２０１８年秋のドラフトでヤクルトから1位指名されて入団した。プロ2年目の20年に30ホールドポイントで最優秀中継ぎ投手のタイトルを獲得。さらに3年目の21年は50ホールドの日本記録を樹立し、チームのリーグ優勝と日本一に貢献した。

「松本剛か、厳しいな」 甲子園で名将に思わせた1年生が首位打者に

２０２１年夏を最後に帝京高校野球部を勇退した前田三夫さん。２０２２年６月には北海道に行く機会があり、卒業生４人が所属する日本ハムの試合を観戦した。ただ、松本剛《ごう》選手には、あえて連絡をしなかったという。

観戦したのは交流戦の中日戦（6月11日）。石川亮が2ランスクイズを決めたので、試合後に電話をかけました。そして、「（松本）剛にも、がんばれと言っておけ」とだけ伝えました。松本剛も4番で先発出場し、一回に先制の二塁打を放ちました。調子が良さそうだったので、あえて刺激を与えないようにしたんです。というのも、ぼくからすると、２０２２年は心配のスタートだったからです。

前年夏を最後に監督を退任したこともあり、シーズンオフに、日本ハムでお世話になっている4人が学校に来てくれました。杉谷拳士、松本、石川、郡《こおり》拓也がみんなで杉谷のユニホームにサインをして、プレゼントしてくれたんです。

このとき、松本は元気がありませんでした。ちょうどプロ10年目が終わったところ。6年目に規定打席に初めて到達し、侍ジャパンにも選ばれた。頑張っているなあ、と喜んでいたのですが、その後は思うような活躍ができないシーズンが続いていました。なにか思うところがあるのかなあ、とそのときは感じていました。

翌シーズンの開幕前にも2軍に行ったようだと聞き、さらに心配になりました。だから開幕戦で4番打者に起用されて活躍した時は、一安心しました。その後も好調を持続しているようだったので、その流れを邪魔したくなかったんです。

高校時代から冷静で、地道に努力する子でした。入学当初から、野球センスは抜群。ただ、周囲の選手に比べて、バッティングが心配でした。当時は体も細くて非力だったというのもあります。

肩が強いから投手もさせました。同級生に伊藤拓郎（日本製鉄鹿島、元ＤｅＮＡ）がいたので、二枚看板という期待もありました。だが、ボールは速いが、制球力がありませんでした。そこで抜群の野球センスを買って、ショートをさせることにしました。

課題ははっきりしています。バッティングです。だから、しばらくは、つきっきりで指導しました。そうは言っても、こうしたら必ず打てるという答えはありません。教えたのはタイミングの取り方やバットの軌道といった基本だけ。土台ができたら、あとは選手がそれぞれに自分の形をつくらなければいけません。

松本に限らず、生徒が考え始めたら、ぼくはホッとします。そこからは、悩んでいても、知らんぷりする。少し離れて見守ります。解決法は分かっていても、教えません。

指導者に大切なのは我慢なんです。すぐに手をさしのべたら、生徒がぼくを頼るようになってしまいます。それでは自分の力になりません。生徒の顔つきを見てダメだと感じたら、そこで声をかける。ワンポイントアドバイスを送るのです。悩んだ分だけ、その内容が生徒にスーッと入ることが多い。そしたら、また見守る。

自分で悩んだ末、これだというものをつかんだら、それが本物です。そんな時は「おおっ、いいじゃないか」と褒める。選手は自信を持つ。その段階を繰り返すことが大切なんです。

松本剛は始業前（午前7時半から）の早朝練習でも、毎日欠かさずにバットを振っていました。食事と筋力のトレーニングも地道に続け、どんどん自分を成長させていきました。

1年の時の打順は8番か9番。ただ勝負強さは持っていました。

夏の第91回全国高校野球選手権大会の3回戦。九州国際大付（福岡）と接戦になり、3－3で九回裏を迎えた。四球とバントで1死二塁とし、8番を打つ1年生の松本剛に打順が回りました。

「ああ、剛か。ちょっと厳しいかな」。本音を言えば、そんなことを思ってしまいました。しかし、あいつはファウルで粘って7球目をレフト前に見事にはじき返したんです。一塁ベンチから見ていた光景を、よく記憶しています。

松本剛がつないだおかげで、うちはサヨナラ勝ちすることができました。ぼくにとっ

夏の甲子園1回戦、花巻東・大谷翔平投手（右）から勝ち越しタイムリーを放ちガッツポーズする帝京・松本剛選手＝2011年8月7日
写真：スポニチ／アフロ

ては、監督として歴代単独3位（当時）になる甲子園48勝目（最終的に51勝＝5位）になった試合だったと思います。

2年春の甲子園も打順は6番だったが、どんどん力をつけて新チームから4番を打ちました。最後の夏は関東第一との東東京大会決勝で本塁打を放ち、甲子園の1回戦では花巻東（岩手）の大谷翔平投手から決勝タイムリーを打った。八幡商（滋賀）との2回戦では本塁打を放っています。

松本剛は高校通算33本塁打だが、そのうち23本は3年生になってから打っています。自分には力がないと素直に認め、一生懸命に考えながら、地道に努力を続けた結果、大きく成長することができたということでしょう。

そういう姿勢を失わなかったから、プロでも11年目で花開いたのだと思います。首位打者なんて、すごいことです。ぼくも鼻が高い。本当におめでとう。

松本　剛（まつもと・ごう）　1993年、埼玉県川口市出身。帝京高では入学直後から遊撃手のレギュラーとなり、1年夏、2年春、3年夏に甲子園出場。3年夏の1回戦では花巻東の大谷翔平投手から決勝打を打った。2011年秋のドラフト会議で日本ハムから2位指名を受けて入団。次第に外野手としての出場機会を増やし、17年に初めて規定打席に到達。同年11月のアジアプロ野球チャンピオンシップで日本代表入りした。プロ11年目の2022年、打率3割4分7厘で首位打者に輝いた。

トンボに込めた感謝がプロへの扉　「最低でお願いします」と言った彼

帝京高校野球部の前田三夫・前監督は、多くの選手をプロ野球に送り出してきた。ドラフト指名後の交渉の席で、驚きの発言をした選手がいたという。「色んな意味で忘れられない選手のひとり」と懐かしむ森本稀哲《ひちょり》さんだ。

森本は初めて会った時、ぼくも驚いて身構えましたよ。髪の毛も、まゆげもないんですから。お母さんに話を聞くと、体から毛が抜けてしまう病気だといいます。

運動能力は高い。当時の校長に、「おそらく今まで甲子園球児にスキンヘッドはいない。色んな声が寄せられるかもしれないが、こういう子を育ててみたい」と相談したのを覚えています。根は純粋な野球少年と分かりました。なんとかしたい。ぼくにできることがあれば、手をさしのべたい。そういう思いでした。

肩が強く、足も速い。すぐに試合で起用しました。ただ、当時は控えめな性格だったんです。人の後ろに隠れ、モゾモゾしている。

当時は月水金はウェートトレーニング、火木土は水泳トレーニングをしていました。森本はプールから、なかなか引き揚げてこない。どうやら、みんなとシャワーを浴びるのが嫌だったようです。ぼくも一緒に泳いで、シャワーを浴びました。そして、「恥ずかしいことじゃない。堂々としていろ」「つらいこともあっただろう。だけど、お前の宿命なんだ。その中で、人の上に立つ人間になれ」などと話しました。彼は涙をこぼしながら聞いていました。

他の部員にはもちろん、病気のことを説明し、「いじったり、気に障る言葉を発したりしてはダメだよ」と話してあります。そういう中で、森本は少しずつ明るさを発揮するようになっていきました。調子にのりすぎて、わがままになったと感じた時は思いきり叱りました。

帝京高3年夏、甲子園で遊撃を守る森本稀哲選手＝1998年8月18日

リーダー的な資質もあったので、2年秋から主将にしました。ちょうど「自主性」が話題になったころです。ぼくも1995年夏に日本一になった後、指導方針に迷いが出ていました。そこで、主将の森本を中心に練習メニューなどを考えさせたんです。

森本はよく頑張ってくれました。ただ、部員の中には緊張感を保てない者もいました。98年夏の甲子園は初戦こそ勝ったが、満足できる内容ではありませんでした。「気が抜けている選手がいます」と森本から報告を受けましたが、いったん緩んでしまったら後の祭りです。次戦で敗れました。

張り詰めた空気をつくるのも指導者の役割です。スパルタがいいというのではありません。緊張感は人を育てるし、チームを強くするとぼくは思います。

指導者は教えているようで、生徒から経験や教訓をもらっています。森本たちからも、たくさんのことを学ばせてもらいました。

その意味では、森本にはプロ入りに際しても、いい勉強をさせてもらいました。卒業後の進路について、「プロで勝負したい」「プロ野球で活躍し、自分のように病気などで悩む子どもに勇気を与えたい」と語るようになりました。

問題は獲得してくれる球団があるかどうか。プロは人気商売。選手の見た目も気にするんではないかと心配したからです。

早くから興味を持ってくれていたのが日本ハムでした。スカウトの山田正雄さんに森本の病気のことを話すと、「そんなの関係ないよ」と言って、こんな話を教えてくれました。

山田さんはよく早めに学校の近くまで来て、グラウンドを見ていた。すると、主将の森本が一番早く出てきて、トンボで土をならしていたというんです。

「うちは、ああいう選手が欲しいんです」

山田さんの言葉通り、日本ハムは森本をドラフト4位で指名してくれました。

その後の交渉の席で、契約条件の話になった時でした。

「最低年俸からお願いします」

森本は、自らそう表明したんです。交渉でそんなことを言った選手を、ぼくは知りません。山田さんも記憶にないそうです。森本には、スカウトの山田さんがこういうところを見ていてくれたという話を伝えていました。日本ハムに対する感謝の気持ちと、自分自身の決意を示したのかもしれません。

プロ入り後の活躍は、みなさんもよくご存じの通りです。派手なパフォーマンスでも人気者になったようです。ぼく自身はあまり好きではありませんが、森本なりのメッセージが込められていたんだと思います。

森本稀哲（もりもと・ひちょり）　１９８1年1月、東京都荒川区出身。帝京高3年夏に主将、遊撃手として甲子園に出場し、98年秋のドラフト4位で日本ハムに入団した。２００６年には外野手として日本一に貢献。同年から3年連続でゴールデングラブ賞、07年にはベストナインに選出。小学1年生のころに汎発《はんぱつ》性円形脱毛症を発症したが、プロではその容姿を生かしたパフォーマンスでも話題を集め、人気選手となった。ＤｅＮＡ、西武に移籍し、15年限りで現役引退。２０２3年から日本ハムのコーチを務める。

石橋貴明さんを芸能界に導いた数奇な縁　そして帝京魂で道は開かれた

タレントの石橋貴明さんは帝京高校で野球部に所属した。「野球はうまくなかったが、人を引きつけるものがあった」。２０２１年夏を最後に同校の監督を勇退した前田三夫さんが、当時の様子を語ってくれた。

ぼくが帝京の監督になったのは大学卒業を間近に控えた1972年1月。猛練習で40人ほどいた部員が4人になってしまったんです。ほかに幽霊部員が2人いたので、「本気で野球をやろうじゃないか」と声をかけたら練習に来るようになりました。その1人が、石橋のお兄ちゃんでした。

4月に1年生が入部してきて試合できるようになりました。また逃げられないよう、他の先生と一緒に間借りしていた古い平屋に、6人を下宿させました。安月給で夕飯を食わせ、お弁当もぼくがつくって持たせましたよ。

そうやって迎えた最初の夏、ぼくは石橋のお兄ちゃんを4番一塁手で起用しました。なんとか2勝をあげ、野球を続けてくれた6人に、勝つ喜びを味わわせてあげることができました。

第101回全国高校野球選手権大会を観戦した石橋貴明さん＝2019年8月18日

石橋貴明も7歳上のお兄ちゃんの影響で、帝京の野球部に愛着と憧れをもったようです。ぼくが監督になって3年目の74年、うちは秋季都大会で決勝まで勝ち進みました。堀越に敗れて選抜大会出場を決めることはできませんでしたが、選手たちが快進撃を見せてくれました。

神宮第二球場であったこの試合の写真に、当時中学1年の石橋貴明が写っています。卒業したお兄ちゃんのでっかい学ランを着て、帝京を応援してくれたんです。やがて、お兄ちゃんが「弟の面倒を見てください」と相談してきて、うちに入学してくることになりました。

ひと言で言えば、元気な野球少年でした。ただ、野球は、そんなにうまくなかったですね（笑）。投手をしていて、ベンチに1回ぐらい入ったのかな。

石橋が個性を存分に発揮したのは合宿でした。宿泊先で独演会を始める。先生やぼくの物まねから、高校野球の応援風景など、レパートリーも豊富で、2時間でもぶっ続けでみんなを笑わせる。そのうち、一般客まで集まってきて、一緒に大笑いしている。「あの子にお小遣いをあげたい」と言い出す人もいて、「それは勘弁してください」と遠慮したこともありました。とにかく、人を楽しませるということにかけては、こいつはすごいなあと感心したものです。

ぼくの知人に、テレビでも活躍されていた毒蝮三太夫さんの小学校の同級生がいました。石橋のことを話したら紹介してくれて、「1度連れてきなさい」ということになりました。

3年生の夏が終わり、進路相談の面接をしたとき、そのことを石橋に伝えました。

「お前は芸能界に向いているんじゃないか。厳しい世界だろうが、弟子にしてもらったらどうだ」と提案したんです。

「監督さんに、ぼくの人生を決めてもらいたくありません」

石橋はその場で、きっぱりと断ってきました。そして、「ぼくの夢はプロ野球選手です」と言う。「ばかやろう。なれるわけないだろう」と思いましたが、ぼくに内緒で西武ライオンズの入団テストを受けにいったらしいです。「石橋が受かったってよ」というわさ話をする生徒がいて、ぼくも知りました。本当に1次テストに合格していたんですね。遠投だけだったらしいですが……。結果的には2次テストで落ちて、石橋はホテルマンになりました。

ところが、しばらくしてテレビを見ていたら、石橋が木梨憲武君と2人でお菓子メーカーのCMに出ているのでびっくりしました。

野球が好きな子だから、その後もちょくちょく学校に立ち寄ってくれました。「ほらみろ、おれが言った通りじゃないか」と言うと、「へっへっへぇ」と笑っていましたね。

人間には必ず、いいところと悪いところがある。指導者はいいところを伸ばしてやることが大事だとぼくは思います。石橋はぼくが伸ばしたわけではないが、自分の長所を生かして、その道を極めました。とても立派なことだと思います。

彼はよく「帝京魂」と口にしていますが、厳しい芸能界で生き抜くのは大変だったと思います。お笑いでハチャメチャにやっているだけで生き抜けるような世界ではないと思います。礼に始まり、礼に終わるではないが、きちんとした礼儀正しさがあったからこそ成功できたのでしょう。

「帝京高校野球部五箇条」というのを紹介しているとも聞きました。

一、礼儀です。

一、言葉遣いです。

一、動作機敏です。

一、気合を入れることです。

一、三分間以内に着替えることです。

ぼくは全然知りません。3分で着替えられるわけがないだろうと思いますが、生徒の誰かがつくって代々引き継がれていたのでしょう。

石橋は本当に、野球と帝京を愛してくれているんだと思います。彼流のやり方で、野球界と帝京の野球部を応援してくれています。後輩を激励したり、食事に誘ったりしてくれているとも聞きます。彼もまた、ぼくにとっては自慢の教え子です。

《智弁和歌山》高嶋仁監督

［取材・構成　安藤嘉浩］

高嶋　仁（たかしま・ひとし）　1946年、長崎県五島列島の福江島出身。長崎・海星高で63、64年夏に甲子園出場。日体大でも主将を務め、卒業後は奈良・智弁学園高の体育教諭となり、72年から同校監督。77年春に甲子園ベスト４。80年に智弁和歌山高に転任し、94年春の甲子園で初優勝。97年夏、2000年夏には全国制覇を果たす。準優勝も春３度（96、00、18年）、夏１度（02年）で、監督として甲子園通算68勝は歴代最多。18年夏を最後に勇退し、智弁両校の名誉監督に。春夏の甲子園大会中は総合情報サイト「バーチャル高校野球」で、「高嶋仁の目」を連載している。

（写真：2018年４月）

そしてバトンは渡された　智弁和歌山、高2から約束された名将の後継

第103回大会を制した智弁和歌山高校の中谷仁《なかたにじん》監督は、同校の主将としても第79回大会（1997年）で深紅の大優勝旗を手にしている。その高校時代を、恩師の高嶋仁さんに語ってもらった。

中谷は捕手やから、毎日のように怒りました。ぼくは打たれたら、基本的には捕手を叱ります。

「なんであそこでストレートやねん」

「変化球を放らせたら打たれるやろ」

なにを投げさせても打たれたら叱られるから、途中で野球が嫌になったんちゃうかな。

記憶が正しければ、中谷が2年の6月やった。東邦（愛知）との練習試合に出かけた先で、腹が痛いと言って倒れたことがあった。医者の診断は神経性胃炎。かなり追い込まれとったんやと思います。

中学時代から軟式野球で知られた選手やった。彼らが中学3年の春に選抜大会で初優勝したから、ほかにも、ええ選手が入学してくれた世代。96年春の選抜大会準優勝の原動力となった投手の高塚信幸（元近鉄）や、遊撃手兼抑え投手として活躍してくれた清水昭秀、3番を打った喜多隆志（元ロッテ、現興国高＝大阪＝監督）らです。その要となる捕手として、中谷には成長して欲しいと期待しました。

選手に対しては、性格やタイプを把握しながら、それぞれに負荷をかけていくことが大事です。中谷は明るくて素直。かなり追い込んでも向かってくる。そやから、かなりしぼった覚えがあります。

もちろん、叱るからには自分自身が常に勉強し、成長し続けんとあきません。ぼくはもともと野球が大好きやから、指導者講習会があれば、どこへでも出かけました。最前列に座るから、「やりづらい」と講師に言われたこともありました。最新の野球理論や指導法を、常に学んでおきたい。特に小学生に伝えるような基礎講座と、捕手の講座には参加するようにしました。

中谷たちの世代は下級生時代から中心選手となり、2年春の甲子園で準優勝しました。しかし、高塚が右肩を故障してしまった。そやけど、高塚は懸命にリハビリに取り組み、黙々と練習を続けた。その姿を見てるから、練習をサボるような選手はおらんかったです。

2年夏の甲子園大会は1回戦で敗れましたが、選手を連れて決勝戦を観戦しました。いわゆる「奇跡のバックホーム」もあって、松山商（愛媛）が熊本工を破って頂点に立った一戦です。松山商の三塁側ベンチの上でその様子を選手とともに見届け、「来年はお前らやぞ」と暗示をかけました。

しかし、秋は近畿大会初戦で敗れ、翌春の選抜大会には出場できませんでした。だから、この大会で優勝した天理（奈良）を、春季近畿大会で打ち負かして自信をつけさせようと考えました。

狙い通り、決勝で天理と対戦しました。もう6月に入り、うちにとっては夏に向けた強化練習期間になっとったんです。滋賀県彦根市の球場で、試合前に球場外周を何周も走らせました。ぼくも一緒に走っとったら、途中で天理の選手が来て、寝転がってマッサージを受けたりしている。それを見たうちの選手は「なにくそ！　絶対に勝ったる」と思ったようです。

試合は延長戦までいったが、6－5でうちが勝ちました。こうやって自信を深めるとともに、「(故障している) 高塚をもう一度甲子園で投げさせよう」という共通の目標がチームを一つにしました。

中谷は3年生になるころには、うるさく叱らんでもいいようになりました。キャプテンやから、チーム全体の雰囲気を引き締めるために怒ることはあったが、大人と大人のような会話ができるようになりました。

夏の甲子園大会準々決勝で、リリーフに出した児玉生弥という2年生投手が打たれました。翌日はあえて先発で使おうと決め、中谷に伝えたんです。すると宿舎の屋上に連れていき、シャドーピッチングしながらフォームを修正させていました。児玉は自信を取り戻し、準決勝で好投してくれました。あの夏は、中谷あっての優勝。投手やチームを第一に考えられる子やったです。

実は、彼が2年生の時、ぼくの後継者になってもらいたいと、当時の学園理事長と話したことがあります。ぼくの母校である日体大で教職をとり、社会人野球で何年かプレーしたら戻ってきてもらう。母子家庭やったから進学にあたっての援助は理事長が考えると約束してくれました。

監督交代直後の第91回選抜高校野球大会への出場が決まって握手を交わす智弁和歌山の中谷仁監督（手前右）と高嶋仁さん＝2019年1月25日

ところが、在学中にお母さんが体調を崩し、本人がプロに行きたいと言ってきました。そう決めたのなら、応援しようと思いました。もともと肩の強さはダントツやった。それも常に二塁にストライク送球するコントロールの良さがある。苦手だった打撃の練習にも、いっそう身が入るようになりました。

プロで大活躍はできませんでしたが、あれだけ長くプレーできたのも、彼の人柄があったからやと思います。縁があって戻ってきて、ぼくの後を継いでくれました。
中谷監督になって、部室が大リーグのクラブハウス風にリニューアルされました。ぼくには思いもつかない発想です。前監督を立てつつ、自分流のやり方でチームを作っている。選手のことを第一に考え、自分自身も勉強を怠らない。監督になってすぐ甲子園に出場し、全国制覇も果たしてくれました。ぼくとしてもホッとしとります。

中谷　仁（なかたに・じん）　１９７９年、和歌山市出身。智弁和歌山高で2年春の甲子園で準優勝、3年夏は主将として全国制覇を果たした。ドラフト1位で98年に阪神入団。楽天、巨人で計15年間プレーした。２０１２年限りで引退し、学生野球資格を回復。17年から母校・智弁和歌山のコーチに。18年秋に恩師の高嶋仁さんから監督を引き継ぎ、21年夏に母校を21年ぶりの全国制覇に導いた。

あえて西川遥輝は主将にしなかった　智弁和歌山の師がみる天才の内面

監督として歴代最多の甲子園通算68勝を誇る高嶋仁さんは「ぼくは生徒をよく叱り、ピリピリしたムードの中で育てるタイプの指導者やった」という。しかし、叱りにくい生徒もいた。楽天でプレーする西川遥輝《はるき》がそうだった。

遥輝は、叱りにくい生徒やった。ぼくの様子を見て、やばいと感じたら、いつの間にか、その場からいなくなっとる。なにかにつけて、要領のええタイプやったですね。入学して1カ月後の春季県大会で「1番ショート」で使ったら、いきなり4本塁打。とんでもない1年生やった。

ただ、ケガが多かったですね。1年夏は右手指を骨折し、和歌山大会は出場してません。甲子園でメンバーに復帰し、万全でない状態にもかかわらず、準々決勝で三塁打を2本打った。練習せんでも打ってしまうんです。

うちは化けもんのような投手と対戦したときに備え、球速160キロに設定した打撃練習用マシンで打たせます。遥輝はやりたがらない。一度だけ「ええ加減にせえよ」と怒り、練習の狙いを説明して打たせたら、いきなりカーン、カーンと簡単に打ちよった。

試合で塁に出たら、ほぼ1球目に盗塁を決めてしまう。「投手のモーションを盗めたら走っていい」というサインやが、遥輝は「だいたい分かります」と言う。

これでは、怒りたくても怒れないんです。

智弁和歌山の西川遥輝選手＝2010年8月1日

そんな感じやから、主将にしませんでした。リーダーは下手くそでも、人一倍努力し、チームのために献身的に動けるタイプがいい。天才ではチームがどうにも締まらんから。

ショートとしても抜群のセンスを持っとったが、

軽く投げるスローイングだけ、どうにも不安があった。そんな時、1学年上の岡田俊哉が「遥輝をライトにして欲しい」と言うてきたんです。岡田が打者を詰まらせたのに、ライト前にポテンと落ちる当たりが多かった。「遥輝なら捕ってくれる」という。

このコンバートははまりましたね。遥輝のセンスがいっそう光るようになりました。楽天に移籍して好スタートを切って喜んでましたが、ちょっとだれてしまった感じがある。根気強さとか、辛抱強さというもんがないのか。まだまだ頑張って欲しいと楽しみにしとります。

最後の教え子となった林晃汰（広島）もほとんど叱らんかったんとちゃうかな。ぼくの指導スタイルもやんわりになっていたのもありますが、ニコッと笑うから叱りにくかったんです。

広島からドラフト3位指名を受けるぐらいやから、打撃は非凡なものがありました。下級生時代に、紀三井寺球場で場外本塁打を2発打ってます。

細かい指導をした記憶はありませんが、一つだけ言ったことがあります。

「こちょこちょフォームを変えるなよ。自分でこれがええと思ったら、それを通せ」

野球は好きな子やったし、色々と考えそうやったんで、どっしり構えて大きく育って欲しかったんです。遥輝と同じでケガが多い子やったが、その分、体力作りをしっかりできたのが良かったかもしれん。

3年春の選抜大会で準優勝した後、6月に県岐阜商との練習試合に出かけたときやったと思います。1試合目は林のエラーで負けた。そのまま昼飯どきにチーム全員でランニングをさせました。

頭にきたんでしょうね。2試合目に「どこまで飛んでいくんや」というぐらいバカでかい本塁打を打ちました。高校生はすごい力を発揮するもんやなあ、と感心した記憶があります。

最後の夏、和歌山大会決勝の九回に、市和歌山に追いつかれました。その裏、林が内野ゴロを打ったんやが、必死に走って一塁へヘッドスライディングした。セーフで生きると、最後は黒川史陽《ふみや》（現楽天）の犠牲フライでサヨナラの生還を果たしました。タイミングは微妙やったが、林の気迫が勝っとりました。

岐阜の出来事も含めて、いろんな経験を通じて、ど根性が身についたんやと思います。高校生の伸びしろは、ホンマにすごい。監督生活の最後の最後まで、生徒に教わり、感動させてもらいました。

西川遥輝（にしかわ・はるき）　1992年、和歌山県紀の川市出身。智弁和歌山では甲子園に夏3回、春1回出場した。2011年、ドラフト2巡目で日本ハム入団。3年目の14年にレギュラーになり、43盗塁で盗塁王を獲得。17、18、21年にも盗塁王になるなど、俊足巧打の外野手として活躍している。2022年から楽天でプレー。

林　晃汰（はやし・こうた）　2000年、和歌山県岩出市出身。智弁和歌山で捕手から三塁手に転向し、2年夏、3年春夏と計3回甲子園に出場。3年春は準優勝を果たす。2年夏に右ひじを骨折して手術したため、同年秋はプレーできなかったが、高校通算49本塁打。2018年秋のドラフト会議で広島から3位指名を受けて入団。3年目の21年は1軍に定着し、10本塁打を放った。

未熟なのは62歳の自分だった　謹慎処分でお遍路、目にした1枚の札

中日ドラゴンズでプレーする岡田俊哉投手は「色んな意味で忘れられん選手」と、智弁和歌山高校の野球部前監督、高嶋仁さんは笑う。1学年下で内野手だった西川遥輝選手を「ライトにして欲しい」と直訴してきたのも岡田投手だった。そして……。

岡田はホンマに気の強い選手。ハートの強さは人一倍やったです。

3年の夏（2009年）も和歌山大会の前に「準々決勝、準決勝、決勝の3試合は頼んだで」と話したら、「先生、2点取ってください。1点ではエラーで失点することもありますから」と言うてきました。結果は2－0、4－0、3－0の3試合連続完封。ホンマにええピッチャーやったです。

智弁和歌山2年夏の甲子園大会で完封勝利をあげ、笑顔を見せる岡田俊哉投手＝2008年8月2日

和歌山県中央部の海沿いにある日高郡美浜町の出身。入学したときは身長が170センチぐらいしかなかった。そやけど、投手としては光るものがありました。すぐに先発投手として使い、1年夏、2年春夏、3年夏と甲子園に4回出場しました。2年の時は春夏ともベスト8。岡田は3年間で甲子園での全11試合に登板し、2試合で完封勝利もあげてます。

ぼくが監督として一緒にやった中でもトップクラスの投手やったです。

3年間で身長も10センチほど伸び、体もできてくると、球のスピードも出るようになった。そうなると、気の強い子やから、ストレートで勝負したがるんですね。

2年夏の準々決勝がそうやった。相手は常葉菊川（静岡）。真っすぐにはめっぽう強い強力打線やったが、変化球にはもろい面もありました。岡田には、いいスライダーがある。「変化球中心で勝負せえよ」とバッテリーには言うてありました。

ところが、肝心な場面で、岡田はことごとくストレートを投げよった。打たれたら、どんどんムキになる。捕手のサインに首を振って、ストレートを投げてまた打たれる。我慢ならず、途中で交代させました。試合は10－13で敗れてしまいました。勝敗やない。野球はチームプレーなのに、岡田は自分のわがままを通したと、ぼくには思えた。それから1カ月も経っていない9月上旬、新チームの練習試合で、岡田はまた同じことを繰り返したんです。ストレート勝負を繰り返し、打たれて、勝手にムクれとる。

「なめとんのか！　ケツを出せい」

ぼくは、岡田の下半身を蹴り上げました。

古い人間やから、正直に言えば、手や足が出ることもありました。ただ、そんな時はご家族に報告するように心がけとりました。その日も、岡田をぼくの車に乗せて家まで送り、お父さんに「こういうことがあって、足が出ました」と話しました。

しかし、それでは終わりませんでした。ぼくの指導はやはり不適切で、日本学生野球協会から3カ月間の謹慎処分を受けました。

生徒と一緒にいられない。グラウンドにも出られない。もちろん、新チームの目標だった秋季大会を指揮できない。野球と選手が何より好きなぼくには、かなりこたえました。

学園の藤田照清理事長のすすめで四国を歩き、八十八ヶ所を巡るお遍路をすることにしました。歩いとるうちにチームは敗れ、翌春の選抜大会出場は絶望的になってしまいました。

四国で、こんなことがありました。各所で、色んなことを書いた木札が木にぶら下げてある。そのうちの1枚が、ふと目に入ってきたんです。

「一瞬の感情で地獄に落ちる人もいる。感情に負けない心を磨きましょう」

その通りやと思いました。自分の過ちを大いに反省しました。「なんで、ちゃんと指導しとるのに、できんのや」という思いやったが、それは間違《まちご》うてました。すべて自分の指導力不足やったと恥ずかしくなりました。

当時はぼくは62歳。それから、さらに10年も監督を続けることができたのは、岡田のおかげやったかもしれんと感謝しております。

岡田俊哉（おかだ・としや）　１９９１年、和歌山県出身。智弁和歌山高校では1年春からベンチ入り。夏から甲子園に出場し、2年春夏には連続ベスト8入りに貢献。3年夏も甲子園に出場し、3試合で37奪三振。２００9年秋のドラフト会議では、中日から1位指名を受けて入団。13年に1軍デビュー。２０１6年11月のオランダ・メキシコとの強化試合で日本代表に初選出され、翌年のＷＢＣに出場。

《東海大相模／創志学園》
門馬敬治監督

［取材・構成　山下弘展］

門馬敬治（もんま・けいじ）　1969年12月18日、横浜市出身。東海大相模高—東海大。高校時代は内野手。大学時代はケガでプレーできず、マネジャーを務める。東海大野球部、東海大相模高野球部コーチを経て、99年、同監督に就く。甲子園には、夏の全国選手権は４回出場し優勝１度、準優勝１度。春の選抜大会は７回出場し、優勝３度。主な教え子に菅野智之（巨人）、田中広輔（広島）、小笠原慎之介（中日）らがいる。社会科教諭。2022年８月から創志学園高（岡山）監督。

（写真：2021年４月）

新聞で知った教え子のSOS　「サイン」逃した私の激しい後悔と変化

高校野球の監督は、ときに自らの指導を見つめ直すきっかけに出会う。2022年夏から創志学園（岡山）を指導している門馬敬治監督にとって、東海大相模（神奈川）時代に同じ時を過ごしたプロ野球・巨人のエース、菅野智之投手の存在が転機になったという。

私は東海大相模から東海大へ進み、卒業後は大学野球部のコーチをしていました。1995年に東海大相模に社会科の教諭として赴任し、野球部のコーチになります。そして1999年、監督に就きました。

菅野智之が入学してきたのは、私が監督になって7年目です。智之は東海大相模野球部、東海大野球部を全国的な強豪にした原貢《みつぐ》さんの孫で、大学、高校の先輩である原辰徳さん（巨人監督）の甥《おい》です。

原貢さんは、私が大学野球部のマネジャーだったときの監督です。当時、静岡県清水市であったキャンプに智之は遊びに来ていました。

智之をあずかる。これは、特別な感情がありました。原貢さん、私は「オヤジさん」とお呼びするのですが、オヤジさんは私の師であり、道をつくってくれた方です。「孫がいくから頼むぞ」みたいな言葉をかけられましたが、非常に重たい言葉でしたね。

東海大相模のエース、甲子園はもちろん、智之が長く野球をやるための、人生の土台を、私との3年間でつくる。おこがましいけれども、つくらせたい、という思いがありました。

投手としては、スライダーが抜群に良かった。ストレートもスライダー系で、少し曲がるような、カット気味の球でしたが、いいボールを投げていました。

智之によく言ってたのは「逃げるな」です。2年春の関東大会、鷲宮（埼玉）戦で打たれて、2－7で負けたときも言いました。智之はスライダーを投げれば抑えられるん

東海大相模高時代の菅野智之投手＝2007年7月25日

です。でも、1ランク、2ランク上の投手にするためには、直球とわかっていても空振りが取れる、打ち取れる投手にならないといけない。

だから、「この試合は直球だけ」と投げさせたこともあります。当然、打たれます。でも、最初から切り札を出すような投手にはさせたくなかった。最後の最後、押し迫った一番の場面でスライダーを投げ込むために、その前の球を磨いていく。

「背番号1」を背負うということは、私は、何でも1番じゃないといけないと思っています。練習に取り組む姿勢、練習量。その1番をすべて集約したのが、「背番号1」です。

野球は投手の1球から始まります。そして、投手の支配率が高い。ならば、1番をつける人間が、全責任を負う。酷かもしれないけど、それくらいみんなが注目をする、仲間も頼る、それが「背番号1」の資格じゃないか、ということも智之には結構言いました。

そして私は、智之たちの代が東海大相模の歴史を変える、新しいページをつくる代ではないか、という期待感を持っていました。当時の東海大相模は、選抜には出場していましたが、夏の甲子園には1977年の第59回大会を最後に出ていませんでした。

高校野球は、投攻走守、技術的な部分はもちろんですが、それにプラスされる部分も多いのではないかと思っています。運やツキ、お客さんもそう。複合的な要素が、高校野球の場には大きく関わってくるだろうと。

智之の代は、智之のお父さんも東海大相模野球部OBですが、他にもOBの息子が多くいました。原貢の野球を引き継いだ人間が多くいるときに、何かが起きるんじゃないか、という思いは強く持っていました。

智之が3年生だった2007年の夏は、2年生投手の調子が良くなくて、智之に頼らざるを得ない試合が続きました。5回戦の川崎北との試合も競り合いになり、結局、智之を途中から出して170球くらい投げさせてしまいました。

準決勝では横浜に勝ちました。夏の横浜スタジアムでのゲームは肉体的疲労はもちろん、精神的な疲労も重なります。その夜は眠れませんでした。決勝で智之を投げさせるか、投げさせないか。悩んでいるうちに、朝になりました。

朝、学校のグラウンドで打撃練習をしていると、オヤジさん（原貢さん）がいらして。やっぱり、息子（原辰徳さん）で甲子園、孫で甲子園、というところも、なくはないじゃないですか。チャンスを目の前にして、オヤジさんもいろんな思いがあったと思うのです。

「どうするんだ」と聞かれたときに、「智之でいこうと思ってます」と伝えました。それで、私の思いの強さ、智之で、やっぱり智之は外せない、との考えが凝り固まってしまった。選手の状態、疲労、ゲーム展開、相手の状態、色んなものが見えなくなっていました。

決勝は8－10で負けました。

新聞で読んだ智之のコメントが忘れられません。「早く試合が終わらないかなと思っていた」「よく覚えてない」。私の、指導者としての資質が問われるひと言でした。

私はいま、「選手は判断、監督は決断」とよく言います。その決断が、当時の私はできなかった。

夏の神奈川大会。7試合を投げきる投手なんていません。わかっています。他の投手も育ててきました。それなのに、自分の思い、欲、いろんな考えが、頭のなかで入り交じり、「智之を投げさせるのが最善」だと思ってしまいました。

私の思いが強すぎた。思いが強ければ、目標に到達できる、獲得できる、達成できるとか言いますが、強すぎてはだめなんだ、と。何でも過ぎてしまうと、そこに、無理が出ます。

今でも悔いが残ります。智之に申し訳ない。一生、ずっと心に刺さったままの1試合です。

この年以降は、誰か1人に頼るチームは作らないように心がけました。春の神奈川県大会や関東大会では、エースの投球回数は10イニング以内に抑えたり、投手を6、7人ベンチ入りさせたり、常に、夏に複数投手で試合をするための準備をするようになりました。

それと、思いを強くしすぎない。心も体も負担をかけすぎない。選手の心の中までは入れませんが、試合で力を発揮するために状態は細かく観察するようになりました。グラウンドの中だけでは分かりません。だから、授業や学校での生活も大切なんです。

自分に言い聞かせています。「選手に『見逃すな』と言う以上、自分自身も『見逃すな』」と。成長させるには見守ることが必要かもしれませんが、選手が出す何か違ったサインを、私たちは見逃してはいけない。あのとき、智之もサインを発していたのかもしれない。だから、大きな、失敗なんです。

菅野智之（すがの・ともゆき）　1989年10月11日、神奈川県相模原市出身。東海大相模高－東海大。右投右打。2011年のドラフト会議では日本ハムに1位指名されるが、入団を拒否。12年のドラフト会議で巨人から1

位指名されて入団。巨人のエースとして活躍し、最優秀選手2度（14、20年）、沢村賞2度（17、18年）、最多勝3度（17、18、20年）、最優秀防御率4度（14、16、17、18年）など、多くのタイトルに輝く。通算118勝63敗。

殴られるかも…　監督と選手、立場を越えた激突と涙がチームを変えた

高校生たちの日常や動き、態度をつぶさに観察し、そして本音で向き合っていると、チームが劇的に変化する瞬間に遭遇することがある。2010年、33年ぶりに夏の甲子園出場を果たし、準優勝まで駆け上がった東海大相模（神奈川）。当時指揮した門馬敬治さん（現創志学園監督）は周囲が「ケンカ」と誤解しかねないほど、キャプテンと真正面からぶつかったとき、チームは変わったと言う。

この年は春の選抜に出場し、1回戦で自由ケ丘（福岡）に負けました。エースの一二三《ひふみ》慎太（のち阪神）がキャプテンだったのですが、選抜後、フォームを見失って投げられる状態ではなくなりました。かなり苦しんでいたので、福山亮にキャプテンを代えま

した。福山はガッツがある選手で、みんなが認める存在でした。

熱い男でした。めちゃくちゃ熱い。ある日の練習試合で、激しい雨になりました。甲子園では少々の雨でも試合があるので、そのまま続行していました。すると、一度退いていた福山が、「もう一度出たい」と言い始めました。自分のプレーに納得できなかったのでしょうね。相手の監督さんのところへも行って、「僕は一回引っ込みましたが、もう一回だけ試合に出してください」と。相手の監督さんも圧倒されて、「わかった、いいよ」と。

選抜の後は、なかなかチーム状態が上がらず、春の神奈川県大会もベスト8で橘学苑に3－9で負けました。選抜でいい結果が出なかったので、選手を毎試合代えて経験させて、奮起させてチーム力を上げようとしたのですが、その後の練習試合でも勝てず、チーム全体が落ち込んでいました。

5月の終わりくらいに、東海大相模のグラウンドで塩山（山梨）と練習試合をし、サヨナラで負けました。試合後、ミーティングをして、「練習やるぞ」って言っても、選手の反応が悪い。「こんなんだったら、練習をやっていても意味がないから、やめよう」と、私は寮の監督室に戻ったんです。夏の神奈川大会まであと1カ月と少しなのに、選手の士気も上がってこない。どん底のどん底で、イライラしていたんだと思います。

するとキャプテンの福山が副キャプテンを連れて、監督室に来ました。「もう一度、グラウンドに来てください」と。私は「出ない」と返しました。「言われてやる練習なら本物じゃない。俺がグラウンドから離れて、『まずいな』と思ってやるんだったら、絶対にだめだ」と言いました。

福山も譲りません。「僕たちは本気ですから、出てください」。私もだんだんカッとなってきました。

もう、本音のぶつかり合いです。私は気になっていたことを言いました。チームの一二三頼み、です。エースの一二三は、練習ではオーバースローで素晴らしい球を投げるのですが、試合では制球を気にして横から投げてしまうほど悩んでいました。しかし、他の選手には「一二三の状態が戻ったら勝てる」「今はたまたま一二三の調子が悪いから負けているだけだ」のような根拠のない自信がありました。それは違うだろ、と。

「出てください」「出ない」でしばらく押し問答が続きました。きりがないので、「わかった、出てやるよ」と言ったんです。「出りゃいいんだろ」と。

監督室から出て、グラウンドに入る直前です。福山が「本気ですか?」と聞いてきました。「本気で、グラウンドでやるんですか?」って。私の胸ぐらをつかむくらいの勢いでした。

周りから見たら、監督を殴っちゃうんじゃないか、私が殴られちゃうんじゃないか、くらいの血相でした。私も「本気だよ!」と。そうしたら福山が「俺は本気で甲子園に連れて行きたいんですよ! 監督を!」と叫んだんです。その言葉で、私はパッと視界が開けたようになりました。他の選手もそうだったのではないでしょうか。

そこから、3年生だけで練習をしました。「相模は走塁だ! ファーストの帰塁練習をする!」って、私がヘッドスライディングをして、「こうやってやるんだ!」と。スライディングをする選手、「バーック!」と声をかける選手……。繰り返していると、私は涙が出てきました。何の涙かはわかりません。周りを見ると、選手も泣き出している。言葉でなく、わき上がってくる本気、意識しない本気。体中が熱くなる感覚が、あの練習にはありました。

あの時、福山に「お前、監督に向かって何言ってるんだ」と言うのは簡単だったと思います。でも、肩書じゃないところで話ができたというか、相対した。真の言葉、心があった。監督と選手、ではなかったんです。年齢でもない。高校生だから、大人だから、教員だから、でもない。人間と人間がぶつかった。福山亮対門馬敬治の本気、本音の場だったのかもしれません。

東海大相模高3年夏、甲子園で躍動する福山亮選手
＝2010年8月16日

チームは最初、監督が「行くぞ！」と引っ張っていく。選手が成長してくると、選手が前に出てくる。それがさらに進化すると、「監督、行きましょう」と引っ張ってくれるようになります。

当時は30年以上も夏の神奈川を勝てなくて、私は本当に、夏の甲子園に行きたかったんです。でも、あの練習で、福山の叫びで、選手の「甲子園に行きたい」思いが、私の「甲子園に行きたい」思いを上回った。そして、最終的に、甲子園の決勝まで「行きましょう！」と連れて行ってくれた。

チームや人間が変わるきっかけは、いっぱいあるのだと思います。それは言葉かもしれない、行動かもしれない、テレビかもしれない、本かもしれない。どこに落ちているかわからないからこそ、難しい。だから、鈍感じゃだめなんです。いろんなところにアンテナを張る。あの福山との本音のやりとりが、その瞬間だったんだなと、いま、改めて感じています。

福山　亮（ふくやま・りょう）　1992年9月22日、千葉県船橋市出身。179センチ80キロ、右投げ左打ち。東海大相模高－駒大－東芝。内野手。第92回全国高校野球選手権大会には三塁手として出場。2学年下の弟の慎吾は習志野（千葉）の外野手として第93回大会に出場。

吉田凌の涙と小笠原慎之介のツキが導いた頂点　ふたりのライバル物語

夏の全国大会生誕100年を迎えた2015年の第97回全国高校野球選手権大会を、東海大相模（神奈川）は制した。原動力になったのは小笠原慎之介（中日）と吉田凌（オリックス）の左右の2本柱。指揮した門馬敬治さんは、互いを競わせて実力を高め、そして交互に起用して負担を減らしたと言う。「智之（菅野、巨人）に負担をかけすぎた」と悔いた夏から8年後の栄冠だった。

今でも思い出します。小笠原と吉田のキャッチボール。ピシュー、ピシューってボールが空気を切り裂く音が聞こえます。お互いを意識しているな、と感じながら見ていました。

私はいつも、生徒を指導する際、「自分のなかにライバルを作りなさい」と言っています。ライバルがいることで、自分の良さが分かる。ライバルを見ることで、冷静に自分を見られる。ライバルは、「鏡」のような存在だからです。

私にもライバルはいます。特に大阪桐蔭の西谷浩一監督と、花咲徳栄（埼玉）の岩井隆監督とは同学年です。いつも刺激を受ける存在です。

改めて、小笠原と吉田。2人はまさに、チーム内でライバル同士でした。よく一緒にブルペンで投げさせました。面白いもので、吉田がいいときは小笠原は早くあがります。小笠原がいいときは吉田が早くあがるのです。

先に伸びてきたのは吉田でした。2人が1年生だった2013年の夏は、ともにベンチ入りしました。しかし、神奈川大会準決勝の横浜戦で先発したのは吉田です。最終的には0－7で負けましたが、吉田は五回まで無失点で抑える素晴らしい投球をしました。

2年生のときも、リードしていたのは吉田でした。夏の神奈川大会決勝。向上から20三振を奪いました。甲子園から戻ってきて、背番号1は小笠原がつけていましたが、実際に試合で投げていたのは吉田でした。縦に鋭く変化するスライダーがあったからです。一方、小笠原は、直球はよかったのですが、得意な変化球がまだありませんでした。

このころから、小笠原の練習への姿勢が変わり始めます。自分にベクトルが向き始めた。ライバルに勝つために、自分と向き合い始めた。他の選手が10本ダッシュするなら11本、トレーニングでも1回増やすとか、色んなところで変化が表れてきました。


伸び悩んではいても、左投げで150キロを投げる高校生なんて、そうそういるものではありません。小笠原には、もう1ランク、2ランク上の投手になって欲しい。そのためには、目標というか、外にもライバルを見つけて欲しかったので、大学日本代表の合宿を見学に行きました。

当時、大学生には今永昇太（駒大、DeNA）や上原健太（明大、日本ハム）ら、左の好投手が多かったので、ドラフト候補と言われる投手はこういう投手だよ、と。紅白戦を見ていると、だいぶ遅くなってしまい、私が「もう時間がないから帰るか」と言ったとき、小笠原は、「いや、最後まで見ていきます」。何か感じるものがあったのでしょう。

外からの刺激、チーム内でのライバル。小笠原は着実に成長していきました。そして3年生の春、関東大会の準決勝で浦和学院（埼玉）に敗れます。0－4。小笠原は、本塁打2本を打たれました。

打たれたのはカーブやスライダーでした。あまり得意ではなかった球でした。色んな変化球を投げたい、と思うのが投手なのかもしれませんが、夏を前に、小笠原には「捨てる作業をしよう」と言いました。150キロの直球の価値をさらに高められる球は何か。チェンジアップでした。他の変化球は捨て、チェンジアップを徹底して磨いた結果、小笠原は、夏の神奈川大会決勝、横浜を9－0で完封するのです。

甲子園の初戦だった2回戦の聖光学院（福島）戦は、吉田に任せました。吉田のスライダーの方が相手打線には有効だと思ったからです。それに、小笠原は注目されていたので、必要以上に力が入ることが怖かった、というのもあります。

ただし、九回1死から小笠原に投げさせました。力んでもいい状況で、満を持して。149、150、151、と球速が上がるごとに、歓声が大きくなる。独特の雰囲気を

3年夏の甲子園大会で優勝を決め、校歌を歌う東海大相模高の吉田凌（左）と小笠原慎之介の両選手＝2015年8月20日

経験したことで、次の試合から力まずに投げられます。

3回戦の遊学館（石川）戦は小笠原が先発。花咲徳栄との準々決勝では先発した吉田が中盤につかまりました。小笠原の好リリーフもあって何とかサヨナラ勝ち。吉田はベンチで泣いていました。校歌斉唱でも泣いていました。

次の日の練習。ランニングしていた2人を呼んで、吉田に、準決勝の関東第一（東東京）戦での先発を告げました。順番では小笠原なのですが、吉田を泣いたままにさせたくなかったのです。「今度は笑ってマウンドを降りられるようになれよ」と。7回1失点で応えてくれました。

小笠原が先発した仙台育英（宮城）との決勝は、6－6の八回裏の守りにあやがありました。2死から死球、かと思いましたが、スイングの判定で三振で攻守交代。九回表の攻撃で小笠原に代打を送り、九回裏からは吉田に投げさせる予定を変えて、小笠原をそのまま打席へ送りました。小笠原には、何かツキがあるんじゃないか、と思ったのです。

吉田に予定変更を伝えなきゃ、と思ってグラウンドから視線を外していたら、大歓声。何が起きたのか、と思ったらホームランでした。

2人がお互いを高め合い、認め合い、支え合った先にあった、45年ぶりの全国制覇でした。

プロに入っても、いい意味で意識し合い、刺激し合っているのではないでしょうか。2021年は吉田が活躍して、日本シリーズでも投げました。2022年は小笠原が、10勝をあげ、初めて2桁勝利に届きました。2人のさらなる成長を期待しています。

小笠原慎之介（おがさわら・しんのすけ）　1997年10月8日、神奈川県藤沢市出身。180センチ93キロ。左投げ左打ち。東海大相模高では1年春からベンチ入りし、2年の夏は第96回全国選手権大会に出場して、初戦敗退。3年夏の第97回大会は、同校45年ぶり2度目の全国制覇に貢献した。2015年10月のプロ野球ドラフト会議で中日から1位指名を受け、入団。22年は22試合に登板し10勝8敗。2022年までの通算成績は112試合34勝42敗。

吉田　凌（よしだ・りょう）　1997年6月20日、兵庫県西脇市出身。181センチ80キロ。右投げ右打ち。東海大相模高では1年春からベンチ入り。2年夏の第96回全国選手権神奈川大会の決勝で向上から20三振を奪った。3年夏は小笠原慎之介との2本柱で同校45年ぶりの全国制覇に貢献した。2015年10月のプロ野球ドラフト会議でオリックスから5位指名を受け入団。主にリリーフで起用され、2022年までの通算成績は64試合4勝5敗。

《龍谷大平安》
原田英彦監督

［取材・構成　安藤嘉浩］

原田英彦（はらだ・ひでひこ）
1960年、京都市出身。平安（現龍谷大平安）高で外野手。社会人野球の日本新薬でも3番打者として活躍した。93年に母校の監督に就任し、97年春の選抜大会に監督として甲子園初出場。同年夏の選手権大会で準優勝した。2014年の選抜大会で同校を初優勝に導く。18年の第100回選手権記念大会では、同校の甲子園春夏通算100勝目をあげた。教え子に、川口知哉・龍谷大平安コーチ（元オリックス投手）、赤松真人・広島コーチ、炭谷銀仁朗捕手（楽天）、高橋奎二投手（ヤクルト）ら。
（写真：2022年4月）

高橋奎二の恩師が心を通わせる手段　平安高3年の夏は一緒に泣いた

龍谷大平安高（京都）野球部の原田英彦監督は選手にニックネームをつける。プロ野球セ・リーグで2連覇を果たしたヤクルトの高橋奎二《けいじ》投手のことは、「赤ちゃん」と呼んだ。

奎二は京都府中西部の亀岡市出身。自然豊かな場所で、中学時代は軟式野球をしとりました。ぼくが見た試合は一塁を守っとりました。すごい楽しそうに打ったり、走ったりしとったですね。走り方とかを見て、体のバランスがええ子やなあ、すごいセンスがあるなあ、と感じました。体は細いし、鍛えなあかんけど、ものになるかもしれん。そう思いました。

うちに入学したら、まず体づくりに励む。ぼくは1993年に監督になって間もなく、スポーツトレーナーにお願いして、特に体の柔軟性と関節の可動域を広げる指導をしてもらっています。

というのは、ぼく自身がウェートトレーニングの失敗例やからです。日本新薬で社会人野球の選手だった80年代に、ラグビー部のコーチに教わって筋力トレーニングをしまくった。体重が8キロ増え、ホームランを打てるようになりました。「日本新薬にええ薬あるぞ」「お前、なに飲んでんねん」と言われたものです。だけど、代償として関節の可動域を失い、結果的に選手寿命を縮めることになりました。

母校の監督になると、筋肉をつけて体が大きくなった子がいっぱいおりました。高校時代に身長が10センチ伸びる子もいます。成長期に、「アウター」はつけたらあかん。関節の可動域や筋肉の柔らかさを身につけ、筋肉は卒業してからつければいい。その方が長く野球ができる。ぼくはずっと、そういう方針を貫いています。

奎二は「関節と筋肉のバランスが大事やぞ」というぼくの方針を理解し、真面目にコツコツ取り組みました。幸か不幸か入学直後に指を骨折し、ボールを投げられなかった。もともと体の柔らかい子じゃなかったけど、その間に柔軟性ができてきた。そして8月からボールを投げ始めました。

その頃、同級生で同じ左腕の元氏玲仁《もとうじれいじ》（スリーボンド・軟式）が頭角を現していました。秋季京都府大会を勝ち抜き、近畿大会出場を決めたが、今度はその元氏がけがをしてしまった。大会まであと2週間。緊急事態やった。練習試合を組んで、奎二を試しました。センスがあるから、ストライクはとれる。

「近畿大会、いくぞ」

「えっ、ぼくですか？」

そら、そう思うはずです。今までベンチ入りすらしたことがないのやから。

「五回でええ。しっかり投げられるようにせえ」

「ほんまですか？」

奎二は近畿大会初戦の近江（滋賀）戦に先発。九回途中まで2安打無失点というすごい投球をしてくれました。2回戦以降も全3試合に先発し、平安を優勝に導いてくれたんです。そして、翌春の選抜大会でも、うちの初優勝に貢献してくれました。

明るくて素直。嫌な顔を絶対にしない。怒られても腐らない。いちびり（悪ふざけ）もしないし、鼻が高くなることもない。ちょっと抜けたところもあるけど、メチャクチャかわいい生徒やった。だから「赤ちゃん」。

最近はあだ名を禁止する小学校もあると聞きます。ぼくは親しみをもって使います。心を通わせたいからです。ぼくは高校時代、「ジョンソン」と呼ばれました。顔が濃いからですが、全然嫌じゃなかった。おやじは「スタルヒン」だったそうです。

今のチームにも、コアラに似ている「ドアラ（中日のマスコット）」や、アニメのキャラから名付けた「シュレック」がいます。ニックネームをつけて呼ぶと、彼らニターッと笑うんです。

龍谷大平安高２年春の選抜大会で初優勝に貢献した高橋奎二投手＝2014年３月29日

そういう関係性を築いた上で、怒るときは真剣に怒る。泣くときも、悔しがるときもそう。

今の子はそういう経験が少ないと感じます。だからこそ、大切にしたい。家族やから。みんな、うちの子。サラーッとした、うわべだけの付き合いはできません。

奎二は3年夏前の練習試合でライナーを胸に受け、そこから調子が戻らなかった。京都大会で打ち込まれて高校野球が終わり、大泣きしよった。おそらく初めての挫折。つらい経験だったと思います。ぼくも一緒に泣きました。

失敗は絶対に経験しないといかん。その一つひとつが自分の経験値になります。

奎二は今、プロ野球で頑張っています。平安での3年間を生かしてくれているとしたら、こんなにうれしいことはありません。

高橋奎二（たかはし・けいじ）　1997年、京都府亀岡市出身。龍谷大平安高では2年春の甲子園で4試合に登板し、同校の選抜大会初優勝に貢献。2年夏、3年春も甲子園に出場した。ドラフト3位でヤクルト入団。プロ3年目の2018年に初勝利。21年はリーグ優勝に貢献し、日本シリーズ第2戦ではオリックスを相手に完封勝利をあげ、優秀選手賞を受賞した。22年は8勝をあげ、チームの2連覇に貢献。21年1月、元AKB48でタレントの板野友美さんと結婚。

監督の娘に会うのが嫌だった　あの元選手会長のほろ苦い高校時代

プロ野球楽天でプレーするベテランの炭谷銀仁朗捕手は、小学4年になる年の春、平安（現龍谷大平安＝京都）高校のユニホームを着て阪神甲子園球場のアルプススタンドにいた。「銀（炭谷選手の愛称）は4歳のころからぼくの家に出入りしとった。おやじはぼくの同級生なんで」と懐かしむ同校野球部の原田英彦監督に、炭谷選手がどのように成長していったのかを語ってもらった。

銀のおやじは平安の同級生で、応援団長やった。気の優しい、ホンマにええ男で、ぼくが1993年秋に監督になると、「応援する会」を結成して会長になってくれました。

ぼくが監督として初めて甲子園に出場したのは97年春の選抜大会。当時は部員が2学年で21人しかいなかった。ベンチ入り16人（当時）に記録員、ボールボーイを出すと、スタンドに控え部員がほとんどいなくなる。それではいかにも寂しいから、うちの息子や娘にユニホームを着させて立たせたんです。同級生にも連絡し、子どもがおるやつに動員をかけました。

その中に、銀もいました。

西武に１位指名され、原田英彦監督（左）とともに笑顔で記者会見する炭谷銀仁朗選手＝2005年10月３日

銀のおやじはとにかく熱心で、この時も応援団の指導役をしてくれました。小学生だった銀も連れて、グラウンド（京都府亀岡市＝当時）にもしょっちゅう顔を出していました。それで野球のことを色々と質問してくる。

「息子を平安の野球部に入れたいんや。どうすればいい？」こんな話にもなりました。ぼくは「肩を強くするんなら、水泳がいい」と答えました。それで、銀は野球チームじゃなくて、スイミングクラブに入った。水泳を4年間して、6年生のときにはバタフライでジュニアオリンピックに出場しています。今度はクラブの方が、将来有望な銀を手放せなくなる。だけど、本人が「これで水泳はやめます。中学は野球をします」ときっぱり言ったそうです。

中学から硬式チームに入って本格的に野球を始めましたが、そんなに強いチームじゃなかった。だから、相変わらず、うちのグラウンドにもおやじと一緒に来とった。つまり、あいつは平安の野球部がどういうところか。その良さ、厳しさもすべて知った上で、うちに入学したんです。

銀がうちに入るのは、いわば宿命やったんです。ただ、彼が「プロを目指します」と言うので、ぼくも考え込みました。可能性はあるかもしれんが、いかんせん性格が優しい。おやじに似て、すごいいい子やった。

彼の性格を変えてやらなあかん。両親にも「こいつ強うならなあかんから厳しくやる」と伝えました。今までの選手の中で、一番叱った。ぼくのこと、嫌やったと思います。

こんなことがありました。銀は当時、ぼくの家と同じ方角に住んでいました。帰りは京都駅からバスに乗る。週に2回、うちの娘と一緒になったらしい。この娘はぼくによく似ていて、あっけらかんとした性格をしています。バスの中で、大きい声で話しかける。「おお、銀！　なにしとんの」「こんな時間まで練習かあ」「どないや？」

それが、どうやら嫌やったらしい。途中で、バス通学をやめ、地下鉄に切り替えよりました。のちに「チータン（娘の愛称）のせいや」と笑って打ち明けていましたが、それぐらい当時はへこんどりました。

とにかく真面目な男。1年の頃は足が遅く、とくに長距離走が苦手でした。みんなから遅れてしまう。すると、銀は練習が終わって亀岡のグラウンドからバスで学校に戻ると、1人でタイムを計りながら、1・5キロある西本願寺の外周を5周走っとりました。そういう努力ができる人間やった。そのあと疲れた体でバスに乗ると、うちの娘がいるわけやから、ルートを変えたくなる気持ちも分からないでもないですね（苦笑）。

2年になる頃は、1学年上のエースの変化球を止められずに苦しみました。ワンバウンドをどうしても後ろにそらしてしまう。春先の沖縄遠征でそんなシーンが連発し、6

連敗しました。ぼろくそに怒って、春季大会のあと、捕手を1度はクビにしました。だから、あいつは2年夏は三塁手として出場しています。

それでも銀は、コツコツとワンバウンドを止める練習を繰り返しとった。ぼくらもガンガンノックを浴びせました。「目をつぶるな!」と何度も怒鳴りました。銀はそうやって地道に、少しずつ成長していった。どんなに叱られても、歯を食いしばって、地道に努力を続けることができたからです。

3年の春からは吹っ切れ、ホームランを量産するようになりました。4試合で7発打った時期もありました。最後の夏は京都大会準決勝で敗退しましたが、銀はこの大会で4本塁打を放っています。

そして、西武からドラフト1位で指名してもらえる選手になりました。プロ入り直後のキャンプを見に行ったら、当時の伊東勤監督が「守備に関しては教えるとこはない」と言ってくださった。ブルペンに行くと、松坂大輔投手のスライダーを平気で捕っている。

最後の夏が終わった後も、練習を続けていた。自分でメニューを作り、黙々とやっとった。そんなあいつの努力が実を結んだんやと思いました。

のちに日本プロ野球選手会の会長も務めた。本当にすごい男に成長してくれました。

炭谷銀仁朗（すみたに・ぎんじろう）　1987年、京都市出身。平安（現龍谷大平安）高で捕手となり、3年時は主将を務める。高校通算48本塁打を放ったが、2、3年の夏はともに京都大会準決勝で敗れて甲子園出場はなし。ドラフト1位で西武に入団し、高卒の新人捕手としては51年ぶりとなる開幕戦での先発出場を果たした。2012、15年にゴールデングラブ賞、15年はベストナインも受賞。巨人を経て現在は楽天所属。17年12月〜21年12月には日本プロ野球選手会の第9代会長を務めた。

「ワル」をその気にさせる名将　学年別グループLINEに込めた思い

「チームには、世代ごとに、それぞれ特徴がある」と、龍谷大平安高校の原田監督は語る。「新入部員を迎えると、その年代がどんなチームになるのか、ぼくは考えを巡らせる」という。

新入生が入ってきたとき、こんなキャラがおる、あんなキャラもおると観察します。チームが作りやすそうやな、という年もある。反対に、みんな真面目で一生懸命やっとっても、苦労が多い年もあります。チームには、やんちゃな子も真面目な子も必要です。頭のいい子や底抜けに明るい子がいれば、なおいい。

そのチームの性格を、いち早く把握する。試合に出られる子は、せいぜい11人ぐらい。

ベンチワークも含めて、色んな適材適所を考えるんです。この子はランナーコーチ専門でいけるな、とか。そういう組織づくりを毎年していきます。

2014年の第86回選抜高校野球大会で優勝した世代は理想的なチームやったですね。とびきりの「ワル」が2人おりました。主将の河合泰聖と遊撃手の石川拓弥。河合なんか中学時代は校則を守らず金髪にしとったこともあったようです。

第86回選抜高校野球大会で優勝を決めて喜ぶ龍谷大平安の選手たち＝2014年4月2日

ぼくは、やんちゃする子が大好き。彼らは悪いことがわかっていて、ばれんようにやる。ある意味、成功体験を持っている。これは勝負どころで使えます。そして、野球に関しては純粋。妥協もしない。何より負けることが嫌いな子が多いんです。

彼らの力が最大限に発揮されたのが、2年秋の京都府大会決勝（13年）でした。ライトの子がフェンスに飛び込んで動けなくなり、大量失点しました。五回に一挙5失点で1－5。

「お前ら、5発殴られたんとちゃうんか。倍返しせえや」

ぼくはハッパをかけました。ライトの子の分も、彼らは奮起しました。七回に一挙6得点で試合をひっくり返し、最終的に10－5で勝って優勝しました。

その勢いのまま近畿大会も制し、翌年春の選抜大会優勝へとつながった試合やったです。

このチームはぼくを見んかった。自分たちで考え、プレーすることができました。ぼくもマスコミに「こいつら、ぼくを探さない」とわざと話し、彼らをその気にさせました。

ほかにも大切な存在がおりました。三塁コーチの佐々木翔斗もその1人です。走塁の判断だけでなく、ベンチからの守備の指示やかけ声も抜群やった。面白い子で、みんなとコミュニケーションがとれた。なにかあると、「佐々木、いけや」と言われるタイプ。

内野手だが、スローイングが良くなかった。それで「野球を覚えろ」と、ずっとぼくの隣に座らせた。いろいろな場面を想定しながら話をする中で、貴重な戦力に育ってくれました。

夏の第100回記念大会（18年）で、三塁コーチと代打の切り札やった生水義隼《しょうずあきと》もそうやった。三塁コーチからベンチに戻って代打に出て、日大三（西東京）戦で同点タイムリーを打った子です。

ベンチでは、ぼくの隣で同じ動きをして、一部のマニアの間で話題にもなりました。「こいつ、ウケ狙っとるな」と思いましたが、本人は「大歓声で声が届かんから必死でした」と言うてました。彼もぼくが気づかないようなところまで気を回してくれる大切な存在やったです。生水は甲南大に進学し、アメリカンフットボール部で4年間頑張りました。

選抜優勝メンバーの佐々木は競艇選手になると言って難関を突破し、いまはボートレーサーとして活躍しています。養成学校では「それでも平安か」とよく怒られたが、「平安の顔に泥を塗ったらあかん」と頑張ったそうです。「厳しくて大変とみんな言うけど、高校時代の練習に比べたらへっちゃらです」と言うとりました。
卒業生たちが苦しい時、高校時代の経験が励みになってくれたらうれしいですね。

ぼくは指導者として意識していることがいくつかあります。例えば毎日、部員全員の顔を見ます。目が合わんでもええ。ふとした時に、「あっ、監督が自分を見てくれている」と感じることが大事やと思うんです。それが彼らのモチベーションになります。その上で、「お前、あれはよかったぞ」「あそこは、こうした方がええ」などと、声をかけるようにしています。

一人ひとりの進路に責任を持つこともそうです。そして、ずっと気にかける。野球を続ける子には「試合に出たら見に行ったる」と言います。とくに大学4年の最後のシーズンは必ず見に行きます。ぼく自身がちゃんと見てやりたい。

場合によっては、大学4年生の進路相談にものります。2022年の大学4年生は、社会人チームで野球を続ける子が7人もおります。ぼくとしても、気合が入った第100回大会世代の子たち。野球を好きで、まだまだやりたいと思ってくれることが何よりうれしいですね。

教え子は息子。卒業後も追っかけます。いまは、学年ごとにグループLINEを作っているることが多い。消息がわからん子がいたら、探させます。連絡ができたら、「元気か？　こんど、グラウンドに顔を出せや」と言います。

彼らのセーフティーネットになりたいと思うんです。うまくいっている卒業生ばかりやないけど、「監督が言うてたことは、こういうことやったんやな」と、いつか気づいてくれればええと思っとります。

#《大阪桐蔭》
西谷浩一監督

[取材・構成　山口史朗]

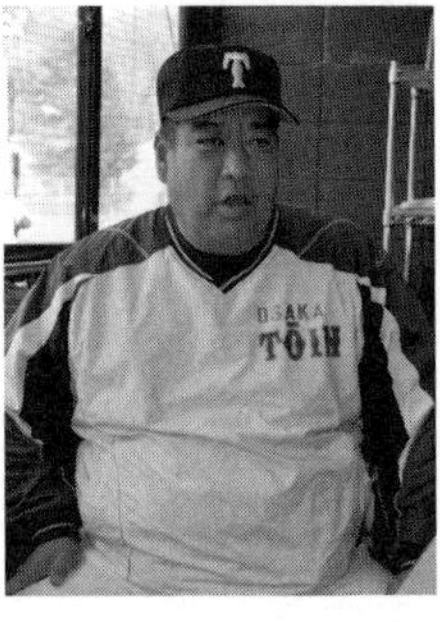

西谷浩一（にしたに・こういち）
1969年９月12日生まれ、兵庫県宝塚市出身。報徳学園高から関大へ進み、主将で捕手。大阪桐蔭高ではコーチを経て、98年秋に監督就任。一度コーチに戻るも、2002年秋から再び監督になった。春夏合わせて９度の甲子園優勝。社会科教諭。
（写真：2021年３月）

大阪桐蔭に「覚悟」が生まれた日　新学期、教室に部員はいなかった

2012、18年と2度の春夏連覇など、大阪桐蔭高は選抜大会、全国選手権大会で計9度の優勝を誇る。高校球界の「絶対王者」は常に「日本一」を目標に掲げる。あえてその言葉を口に出すようになったきっかけ、その意味とは。西谷浩一監督に聞いた。

きっかけは07年の秋、当時の森山信一校長からの助言でした。

「もっと、『日本一を目指す』ということを、子どもたちに伝えたらいいんじゃないか」と。子どもたちの力を引き出すことを、もっと勉強した方がいい、ということでした。僕はそれまで、あまり日本一という言葉をグラウンドで使いませんでした。言葉ではなく、一生懸命やった結果が日本一なんだと思っていました。

07年の秋は浅村栄斗《ひでと》（楽天）たちがいた代です。秋季大会府予選ではPL学園にコールドで負けました。そんなチームが日本一というのもおかしいですが、08年の年明けの練習で選手たちに言いました。「どうしても日本一になりたい。本気で日本一を目指さないか」と。何をするにしても、「このキャッチボールで日本一になれるのか」「この打撃練習でいいのか」と、意識や普段の生活も含めて「日本一の物差しではかろう」ということです。

僕は監督として05年夏に初めて甲子園に出ました。この時は駒大苫小牧（南北海道）、06年夏は早稲田実（西東京）、07年春は常葉菊川（静岡、現常葉大菊川）と、すべてその大会で優勝したチームに負けました。だから、日本一になるチームの感覚はなんとなく分かる。比べて、うちに足りないものは何なのかを選手たちと一緒に考えました。

それとともに、校長にはこんなお願いをしました。浅村たちの学年の担任をさせてくださいと。07年までの3年間は、一つ上の中田翔（巨人）たちの学年の担任をしていたんです。だからどうしても、浅村たちに携わる時間が短かった。1年間だけでもいいから担任をさせてもらえないかとお願いして、受け入れてもらいました。

それが、4月の始業式の日、教室に行ったら、誰もおれへんのですよ。野球部員が。校長が部員を呼び出していたんです。

「西谷監督が、お前らの担任をさせてくれと言ってきた。あいつは本気やぞ。絶対に日本一にならんとな」って。そんな風に話してくれていました。

森山校長からは常々、言われていました。「教えられる教師」はたくさんいるけども、「育てられる教師」はそんなにいないと。当時の僕には、もっと子どもを乗せていくというか、スイッチを入れるというか、能力を引き出すとか、そういうところが足りなかったと思います。まじめに一生懸命はやるけど、あと一つ勝ちきれないのはそういうところなんじゃないかと教えられた気がします。


選手たちの覚悟も決まったように感じました。練習ではダッシュの最後の一歩まで全力で走りきる。目指すのは日本一なので、ヒットを1本打ってガッツポーズしているようじゃダメだし、1勝して喜んでいるようでもダメ。次へ、次へといかに貪欲《どんよく》になれるか。技術、体、心。その三つのコントロールをどれだけしながらやれるか。

結果が08年夏の全国制覇でした。秋にコールドで負けたチームが、です。結果がついてきたことで、「日本一」という言葉を使い続けようとなりました。

2008年夏の甲子園で優勝し、胴上げされる大阪桐蔭の西谷浩一監督＝2008年８月18日

藤浪晋太郎（前阪神）や森友哉（オリックス）のように、ドラフト1位でプロに行くような選手がいるから日本一を目指す、のではなく、常にそこを目指す集団でありたい。「勝利至上主義」ということではなく、日本一を目指すことによって見えてくる景色や感じることがあります。選手を育成すればいい、でも勝たなくてもいいってなると、何か足りないものが出てくると思います。大学や社会人、プロと上のレベルに進んだときにも、「日本一を本気で目指した経験」は大きな意味を持つと思っています。

チーム全員で高校ラグビーの決勝戦を花園へ観戦に行って、「どっちが勝つだろう」という視点で両チームを見たり、社会人野球の日本選手権の決勝を京セラドームに見に行ったり。そういうことも「日本一教育」としてやりました。

今、おかげさまで、選手たちは甲子園に出たいから、日本一になりたいからと言って大阪桐蔭に入ってきてくれる。

指導者として、プレッシャーよりもやりがいの方が大きいです。戦っていく上で緊張感もありますけど、甲子園など大きな舞台に立てるのは、ありがたいことだと思っています。

天然モノに頼りきらぬ大阪桐蔭のリーダー育成　優勝した年にある法則

組織を作る上で、やはりリーダー＝主将の存在は「最重要」と言っていいくらい大事。大阪桐蔭高校の西谷監督は、いつもそう考えているという。

軸がしっかりすれば、そこに周りが巻きついてくるものです。誰を中心にチーム作りをしていくか。

特にうちの場合は寮でみんなで生活しているので、野球だけうまかったらいいってわけでもない。練習態度や私生活、周囲への気配りを含めてみんなに認められ、最も信頼される人でなければならない。

ただ、天性のリーダーシップを持った子はなかなかいません。そういう「天然もの」

の主将で名前が挙がるのは２０１４年の中村誠（大阪桐蔭コーチ）、17年の福井章吾（トヨタ自動車）、18年の中川卓也（東京ガス）といった選手たちです。入ってきたときから、「あ、これはキャプテンになるだろうな」と思いました。

主将になりそうだなと思えば、早いうちから「リーダー教育」をします。たとえば福井の場合、元々コミュニケーション能力が非常に高かった。加えて、ゲームの中での強さを身につけさせようと思いました。本職は捕手だったのですが、三塁手や外野手でも、上級生のチームに入れて無理やり使いました。

もちろん、１人のリーダーだけでは組織は強くなりません。この軸に巻きつく形で、もっと太い芯を作らないといけない。

17年は福井以外、リーダーシップに関してはみんな少しずつ足りなかった。遊撃手の泉口友汰（ＮＴＴ西日本）は一生懸命練習するけど、自分のことしかやらないとか、山本ダンテ武蔵（パナソニック）は声がよく出て明るいけど、なんか抜けてるとか。

でも、なにか一つでもいいから福井を助け、一緒にできるものはある。そんな狙いで副主将を7人にしました。7人という大人数だと、人任せになりがちで、良いことばかりではない。ただ、この年に関しては、これがいいと思いました。

そしてこの7人を含めたリーダー教育です。福井と僕も合わせて9人で回すノートを作りました。このノートには、個人のことは書きません。その日の練習のこと、チームのこと、強くなるために組織としてどうあるべきかを書く。それに対して、僕がコメントを書く。読んだ方がいいなと思った新聞記事を貼ったりもしました。

西谷監督の話を聞く大阪桐蔭の福井（前列左から2人目）。「大阪桐蔭史上最高の主将」とも言われた＝2017年6月6日

こういったノートは毎年作るわけではありません。組織として弱いなと思ったときにやります。最初にやったのが14年の中村の代でした。「天然もの」のリーダーがいるときって、案外、サブリーダー的な存在が育っていないことが多い。リーダーに任せきりになるからなのかなと思います。

結果として、このノートを活用した14年は夏、17年は春、そして「ノートをやらせてください」と自分たちから言ってきた18年は春夏と甲子園で優勝することができました。2022年の選抜を優勝した今の3年生も、このノートに取り組みました。組織として弱いなと思った年が、結果的に勝っているんです。おもしろいものです。

柱となる選手が何人いるとか、どこからアプローチするとか、その年によって違いますし、答えはないのですが、どういう組織を作るかということは、大阪桐蔭の野球にとってはそれだけ大きいことです。

リーダー論、組織論は難しいです。色んな本を読ませて、感想を言わせたり。これはまだやっていませんが、2022年のサッカーW杯の日本代表の戦いぶりにも、感じることはありました。

あれだけ後半に出る選手が活躍する。どれだけのモチベーションで準備をしていたのか。長友佑都選手くらいの（実績のある）選手が、ベンチにいてもあれだけチームを盛り上げることが出来るとか。

後半勝負に持っていく。スタメンの選手だけじゃないってことなので。すごい組織だと思うんですよね。

そういう話もこれから選手たちにしていくと思います。

僕も藤浪晋太郎にならないと
大阪桐蔭・西谷監督は教え子を隣に呼び寄せ…

指導をする上で、選手との感覚を「すり合わせる」ことが大事。大阪桐蔭の西谷監督はそう言い、藤浪晋太郎（アスレチックス）との練習の日々を振り返った。

2011年の冬、2年生だった藤浪とは1カ月ほどかけて「すり合わせ」をしました。秋の近畿大会で天理（奈良）に負けた後、藤浪と話をして、「スローシャドー」という練習に取り組ませました。実際にはボールを投げず、ゆっくり、ゆっくり、投球動作の一つひとつを体に染みこませるように繰り返す練習です。藤浪はどうしても、体の軸から右腕が遠くに離れてしまうフォームでした。感覚的には、胴体に「巻き付くように」腕を振れるように、という狙いで思いついた練習方法です。

「ちょっとやりたい練習があるから、ゆっくり話をしよう」と藤浪に伝えると、最初は「ん？」って感じの反応でした。たぶん、めちゃくちゃ走るとか投げ込みをするとか、「猛練習」を想像していたんでしょう。

藤浪に何かを感じ取ってもらいたい、気づいてもらいたいという思いでした。フォームを撮影しながら、「こっちの方が良くないか？」「いえ、今のは良くなかったです」といったやりとりを繰り返します。藤浪が良いと思っても、僕が良くないと思うときもあれば、その逆もありました。外から見ていいと思っても、それを選手本人が良いと思うかは分からない。「あかんと思ったらちゃんと言え」と伝えていました。2人の感覚を合わせていく作業を、1カ月ほど繰り返しました。

根気のいる練習です。藤浪はじっくり取り組める選手でしたが、途中から根気がなくなって、一度叱ったりもしました。「いや、もっとじっくりやりたいねん」と。あいつは多分2、3日で終わると思っていたんでしょうね。

感覚をすり合わせるためには、僕も藤浪にならないといけません。藤浪は身長197センチ。隣に呼んで、ブロックを二つ積み上げて、僕がそこに上ると、ちょうど藤浪と同じ目線になりました。半分、笑《わら》かすのもありましたけど、気づきもありました。「こんな景色なんや」と。ぱっと下を見たときに、ボールを拾うのも大変だと思った。フィールディングの練習をもっとやらないといけないとか、長身を生かして角度のある直球を投げさせないといけないとか、思わされるきっかけになりました。

藤浪のスローシャドーは、「この練習がいいかな」と思いついて、うまくはまったものだなと思います。

「スローシャドー」の成果もあり、2012年にはエースとして甲子園春夏連覇を達成した藤浪晋太郎投手＝2012年3月30日

僕は29歳で監督になりました。20代、30代、40代、50代と10年一区切りで考えると、今は「4代目」に入っていると自分では思っています。

藤浪とのすり合わせの話もそうですが、若い頃の「スパルタ」的なところから今は時代の変化もあり、「選手の気づきを待つようになった」と感じます。選手を見ていて、

「ここをこうしたらいいのに」と思っても、すぐには言わなくなりました。「もうちょっと待って、自分で気づいてくれないかな」とか。すぐに指摘するより、もうちょっと自分で考えてやった方がいいから今は言わんとこうとか。

やっぱり、選手が自分で気づいて、自分で会得した方がいいと思う。教えてもらったら、そのときはできても、すぐ忘れてしまうのもあるので。たとえば、「きょうはフォームのビデオを撮ろう」っていう風にして、選手がその映像を見て、自分の課題を見つけてスイングして。その次の段階で、僕が話した方がより良いかなとか。

選手には、「自分自身が自分をコーチできるようにならないといけない」と言っています。最終的には自分だけでは見えない部分があるから、プロの世界でもコーチがいます。だけど、自分で「あ、こうなっている」っていうのが分かるように、自分の最大のコーチが自分になれるようにやろう、ということです。そのためには自分でちゃんと見ないといけないし、感じないといけないし、考えないといけない。

20代、30代の頃と比べ、僕自身が変わったのはそういう部分かもしれません。

藤浪晋太郎（ふじなみ・しんたろう）　１９９４年4月12日、大阪府堺市生まれ。大阪桐蔭高では1年夏からベンチ入りし、２０１２年はエースとして甲子園の春夏連覇を達成。同年秋のプロ野球ドラフト会議で1位指名を受け、阪神へ入団。1年目から3季連続で2桁勝利を挙げた。２０２３年1月、大リーグ・アスレチックスへの移籍が決まった。

《報徳学園／日大三島》
永田裕治監督

[取材・構成　安藤嘉浩]

永田裕治（ながた・ゆうじ）
1963年、兵庫県西宮市出身。報徳学園高３年夏は７番・右翼手で、全国高校野球選手権大会の全国制覇を経験した。中京大を卒業後、桜宮高（大阪）コーチなどを経て94年に母校の監督に就任。2002年春の選抜大会で優勝するなど、甲子園に春夏計18回出場した。監督退任を発表して臨んだ17年春の選抜大会でベスト４。18、19年には高校日本代表監督を務めた。20年から日大三島高（静岡）の監督となると、22年春に38年ぶりとなる選抜大会出場に導き、同年夏も甲子園に出場した。保健体育科教諭。
（写真：2017年３月）

交換日記に書いた「君を信じてる!」 イップスと一緒に格闘した日々

2022年、日大三島(静岡)を春夏連続で甲子園に導いた永田裕治監督は生徒とのコミュニケーションを大切にする。母校の報徳学園(兵庫)を率いていたころに指導した左腕エースとの日々を語ってくれた。

彼の様子がおかしくなったのは、2年の夏過ぎやった。エースとして春夏の甲子園に出場したが、ともに初戦敗退に終わった。春は2失点完投と好投したが、夏は熱中症になり、七回途中で交代せざるを得なくなった。かなり悔しかったと思います。新チームがスタートして、再起を期した練習中にまた倒れて3日間入院しました。

そのあと、キャッチボールがまともにできなくなった。急に思い通りに体を動かせなくなる、いわゆる「イップス」やったんです。毎日投げていたボールが、うまく投げられない。本人も何が何だか分からんかったと思います。手が震え、顔が真っ青になってました。

「慌てんでええ。ゆっくりやろうや」。体育教官室でそう話し、「明日からノートを書いて出してきなさい」と指示しました。

2007年9月12日、私と近田怜王《れお》の「交換日記」が始まりました。

彼にしたらワラにもすがる思いだったと思います。近田は投げられない気持ち、チームについて思うことを率直に書いてきました。私はそれに同意したり、疑問を投げかけたりしつつ、食欲や体調を尋ねたりもしました。

自分がほぼ投げられないままチームが近畿大会で敗れて翌春の選抜大会出場が絶望的になると、「今日の試合ですべてがわかったと思う。自分はピッチャーに戻るしかないと思います」と書いてきた。「?」マークだけで返すと、翌日は「自分はわがままでした。ゴミ拾いから始めたい」と記してきた。「自分で決めるな!」と私は書きました。それまでは「ガンバレ!」「期待しているよ」と返した日もあった。とにかく苦しんでいる近田に寄り添おうと日記を続けてきましたから。

　一つの区切りがつき、近田もつらかったんやと思う。責任も感じたのでしょう。しかし、エースがいない中でここまで勝ち進んだ仲間のことをまず考えて欲しかった。それが近田復活へのカギになると思ったからです。

３年夏、東兵庫大会決勝で力投する報徳学園の近田怜王投手＝2008年7月25日

　冬の間も、近田の苦闘は続きました。その様子を見て、背番号「1」を再びつけさせることにしました。春の地区予選で投げ、本調子ではないものの復活の第一歩をしるした。近田は「背中でみんなについてきてもらえるような人になるよう心がけたい」と日記に書きました。

「怜王君！　君を信じている！」

　交換日記は夏の東兵庫大会が始まるまで続きました。チームはこの夏、ノーシードから勝ち上がって甲子園出場を決め、近田は3回目の大舞台で3勝を挙げ、準々決勝進出の原動力になりました。秋にはドラフト会議で指名され、プロ野球選手になるという目標も達成しました。

プロの世界では成功できなかったが、苦しみながらも前向きに努力する姿を見てくれている人がいました。ソフトバンクを退団した2012年オフ、活動を再開するJR西日本野球部の後藤寿彦総監督から電話をもらい、近田を引き合わせました。

近田は野球を続けることを決心し、14年には社会人野球の都市対抗出場を果たし、自らも登板しました。

これらの縁がつながり、京都大学で指導することになりました。近田は選手とのコミュニケーションを大切にしていると聞きます。色んな苦労をした分だけ、いい指導者になってくれると信じています。

近田怜王（ちかだ・れお）　1990年、兵庫県三田市出身。報徳学園中時代は硬式クラブチームで活躍し、世界大会に出場。同高では1年秋からエース左腕となり、近畿大会で1学年上の大阪桐蔭高・中田翔（現巨人）から三振を奪って注目を集めた。翌年は春夏連続で甲子園出場。3年夏にも甲子園出場を果たして3試合連続完投勝利をあげたが、準々決勝で優勝した大阪桐蔭に敗れた。2008年秋のドラフト会議でソフトバンクから3巡目指名を受けて入団。4年で退団後は社会人野球のJR西日本に入社し、14年に都市対抗出場。現役引退後は同社の社員をしながら17年から関西学生リーグの京大のコーチとなり、21年11月から監督。22年春はチームを3年ぶりの最下位脱出に導いた。

人の2倍練習したカープ小園海斗が早朝練習をやめた理由

日大三島の永田監督が、報徳学園で指導した最後の世代に小園海斗がいた。「中学時代から有名なショートで、本人も入学当初から『プロになりたい』という目標を持っとった」と当時を振り返る。

小園は入学当時から、身体能力と野球センスはずば抜けとった。私はよほどのことがない限り、1年生は試合で使わない。とくに野手を抜擢《ばってき》したことはほとんどありません。異例なことやが、小園はすぐに1番ショートで起用しました。そして、その期待に応えてくれました。6月の関東遠征では、横浜3年の藤平尚真君（現楽天）から本塁打も放ちました。その年秋のドラフト会議で1位指名を受ける2学年上の本格派から、高校入学数カ月で打ったのだから、実力的に申し分なかったですね。

だからこそ、人の2倍は練習をやらせました。それだけ練習すれば、上級生も彼を認めるし、彼の姿勢や態度から刺激も受けるからです。具体的には、守備における足の運び方や捕球体勢などの基本練習を徹底的に反復させました。小園は前向きに、地道に努力を続けました。

もともと誰にでもかわいがられる性格。チームの雰囲気をよくする力のある子やったですね。

学校では3年間、彼のクラス担任でもあったので、勉強や私生活もきちんとするよう気を配りました。成績は真ん中ぐらいやったが、やることをきちんとできる生徒やった。定期的にやる英単語や漢字の小テストも、赤点をとることは一度もありませんでした。

小園が1年生の夏は甲子園に出場できなかったが、秋は近畿大会に進出してベスト8に入って2年春の甲子園に出ることができました。私が母校を率いて臨んだ最後の甲子園大会です。

彼は全4試合で安打を放ち、18打数9安打の打率5割、5得点、5打点という活躍で、ベスト4入りの原動力となってくれました。ショートの守りでも、その守備範囲の広さで関係者から高い評価を受けました。

私がこの大会で監督を退く決心ができたのも、小園という核になる中心選手がいたことが大きかったです。後任の大角健二（現監督）も私の教え子。戦力が充実して、彼がやりやすい状態でバトンを渡したかったからです。

「永田監督と甲子園で優勝を目指したい」と小園は言ってくれましたが、私があとを託す大角とチームを、彼が引っ張っていってくれると思ったんです。

報徳学園３年、夏の甲子園に出場した小園海斗選手＝2018年８月16日

小園は私の期待通り、自身の能力をグングン伸ばしていきました。その過程で、それまで地道に続けていた朝の個人練習を2年生の途中からやめました。体格を大きくしたい。そのため

に睡眠時間と朝食をしっかりとろうと、両親と相談した上での決断でした。

結果は、3年夏の甲子園での活躍となって実を結びました。体重は1年のころから10キロ以上増えていました。チームにとっても小園自身にとっても素晴らしい判断だったと思います。

この夏は私が監督を務める18歳以下日本代表チームにも選出されたので、また一緒のユニホームを着て野球をする機会を持つこともできました。

自分で考え、努力を続けられる。そういう選手は、プロでもしっかり活躍することができるということです。もっともっと大きくなって欲しいと願っとります。


小園海斗（こぞの・かいと）　2000年、兵庫県宝塚市出身。中学時代は硬式野球の枚方ボーイズに所属し、全国優勝を経験。15歳以下日本代表にも選ばれた。報徳学園では2年春、3年夏に甲子園出場を果たし、4強入りと8強入りに貢献。2、3年時は18歳以下日本代表チームの正遊撃手としても活躍した。18年秋、プロ野球ドラフト会議で4球団から1位指名され、広島に入団。1年目から1軍で活躍し、3年目には正遊撃手の座を獲得した。

スポーツ推薦ゼロで甲子園　大敗後、選手を本気にさせたサプライズ

日大三島の野球部は2022年12月、2023年のキャッチフレーズと標語を、部員だけで話し合った。「私は約3時間、じっと生徒たちの意見がまとまるのを待った」と永田裕治監督は語る。

生徒らの自主性を大切にしたいと思ったんです。私が口を挟んだら早く方向性が出るかもしれんが、それでは意味がない。ああだ、こうだと意見を出し合っとった。その時間に意味があります。

ただ、「甲子園で1勝」という目標は「春夏連続出場を果たしたチームとしては中途半端やないか」と疑問を投げかけ、再考を促しました。標語については「三つ目におれ

の意見も入れてくれ」とお願いしました。

全員で甲子園で優勝
●返事　挨拶《あいさつ》　声　ダッシュ
●妥協しない
●報告　連絡　相談

日大三島野球部は2023年、これらの言葉を掲げて活動していきます。生徒には「自分らで考えたんやから、ちゃんと守るんやぞ」と言っています。

その上で、夏までのスケジュール表を配布しました。練習試合や遠征、強化練習期間などが明記してある。一人ひとりが日程から逆算して行動して欲しいからです。

毎月の「散髪完了日」も設定しました。うちは頭髪は自由だが、帽子が似合う高校生らしい頭髪スタイルを推奨しています。その日までに身なりも整え、新しい段階に挑んでいくという区切り、決意の日という意味です。

私が監督になってから、2023年春で丸3年が経ちました。これまで3学年の先輩たちのおかげで、2022年は甲子園に春夏連続出場という結果と素晴らしい経験を得ることができました。今からは第2ステップだと思っています。

3月に卒業する学年は、スポーツ推薦で入学した生徒はゼロやった。例えば4番エースの松永陽登《はると》(筑波大)は中学時代、チームのエースではなかった。キャッチボールから始める中で、体の使い方、バランスの良さを感じた子です。

様々な仕掛けをしました。甲子園常連校と自分たちの違いを感じるため、積極的に練習試合をお願いしました。最初のうちは、ひどい試合が続きました。報徳学園時代の教え子に頼んで来てもらい、大学生のボールを見せたりもしました。彼らにどんどん刺激を与えるようにしたんです。

私の着任とともに20年4月に入学した子たちだから、ずっとコロナ禍での活動を余儀なくされた。初めて遠征試合を組むことができたのは21年10月。秋季東海大会の直前でした。珍しく授業のない土曜にバスで関西に行き、練習試合でボロ負けしました。

「帰るぞ」「（バスの）カーテン閉めろ」。不機嫌な芝居をして、サプライズで阪神甲子園球場に連れていきました。スタジアムツアーに参加し、一塁側ベンチのすぐ上のスタンドまで入らせてもらいました。本当はベンチにも入れるツアーだが、球場の都合で入れんかった。それを逆手にとって、生徒に話しました。

「どうや、ええやろ。ただ、あの中には入られへん」

「絶対に行ける方法が一つだけあるで。東海大会で二つ勝つんや。三つ勝てば確実や。お前ら、そこまで来てるんや」

春夏連続で甲子園出場を果たした日大三島の選手と永田裕治監督（左から２人目）＝2022年８月６日

彼らは3勝して東海大会を制し、38年ぶりの選抜高校野球大会出場をたぐり寄せました。確かな実績と歴史がある報徳学園（兵庫）とはまったく違う環境で、彼らと一からチームをつくった経験は、私にとっても得がたい体験であり、学びになりました。

これまで3学年の先輩たちが築いてくれた土台の上に、何を積み上げていけるか。彼らと一緒に活動してきた後輩たちなら、私に一つひとつ指示されなくても、自分たちで考え、新しい歴史をつくっていけるはず。そう考えています。

私は以前から「四つのC」の大切さを生徒に説いてきました。全員でチャンスをつかみ、チャレンジし、チェンジしながらチャンピオンを目指す。日大三島に来て、五つ目のCが加わりました。コミュニケーションです。何より私が教師として、5Cの大切さを実感しています。

《作新学院》
小針崇宏監督

［取材・構成　安藤仙一朗］

小針崇宏（こばり・たかひろ）　1983年、宇都宮市出身。作新学院高２年の2000年春、選抜大会に内野手として出場し、８強入りに貢献。筑波大を卒業直後、06年４月に作新学院硬式野球部のコーチとして戻り、同年９月に23歳の若さで監督に就任した。09年に同校を31年ぶりに夏の甲子園に導くと、11〜21年にかけては、コロナ禍で中止となった20年を挟んで夏の栃木大会10連覇も達成。16年には全国制覇も果たした。保健体育科教諭。

（写真：2016年８月）

高校野球と長渕剛のライブは似ている　作新学院・小針監督が語る理由

「原点は、いつも人」。2023年春の選抜大会に出場した作新学院（栃木）の小針崇宏監督の信念だ。母校を率いて17年目。一体感のあるチームを作るためのヒントは、意外なところから得ていた。

野球はつくづく、人間が軸になっているスポーツなんだと感じます。

バスケットボールやサッカーは、ボールがゴールに入ることで得点になりますよね。でも、野球は違います。得点するのは、ボールではなく人間です。

ホーム（本塁）から出ていった仲間を、ほかの仲間が無事にホームにかえしてあげることで得点が認められます。仲間同士の一体感が攻撃力にもつながります。試合に出ている選手だけでなく、ベンチやスタンドも家族のように一つになったチームが理想です。

私の肩書は監督ですが、選手たちの兄貴になることを目指しています。一緒にグラウンドにトンボをかけたり、寮の壁のペンキを塗り直したり。最近は、おやじといった方が近いかもしれませんね。選手の誕生日なんかには、得意のギターで長渕剛さんの楽曲を弾き語りして披露することもあります

長渕さんのライブ※はチームづくりでとても参考になります。なかでも2004年夏に開かれた鹿児島・桜島のライブのDVDは、何度も見返しています。

宿舎から甲子園にバスで向かうときにも、選手に桜島ライブのDVDをよく見せています。長渕さんの楽曲を聴き始めたのは、筑波大で現役の選手だったころ。確か、コー

※長渕剛の地元・桜島でのライブは、ファンの中で「伝説」となっている。プロジェクトは、荒れ地13万平方メートルの整地から始まり、開催までに約2年の歳月を費やした。長渕剛が午後9時半から翌朝6時ごろまで、夜通し、ライブ3本分を歌い続け、約7万5千人を動員した。

チの影響で聴き始めたのかな。

命がけのライブを完走するため、長渕さんはリハーサルから真剣勝負です。

「そんな音じゃ、会場の一番後ろまで届かない」といった風に、練習から本気なんです。その熱意がライブのチームにも伝わり、裏方のスタッフも一体となって本番に向かいます。

高校野球も、ライブと同じく一発勝負の世界です。普段から試合のような緊張感で練習していないと、本番で成果は発揮できません。選手に緊張感をもって練習してもらうため、私もいつでもグラウンドでは真剣勝負です。

2016年夏、全国制覇を達成し、マウンドに集まって喜ぶ作新学院の選手たち＝2016年８月21日

練習試合では、試合に入り込めていない選手をあえて代打で使ってみることもあります。バッティング用の手袋やヘルメットを慌てて準備して打席に立つと、結果はやはり

出ない。「準備していないと打てないだろ」。選手にはそんな声を掛けて、次に生かしてもらいます。

人間的な成長がなければ、野球の技術も成長はできないと思っています。硬式球の縫い目の数は108個。ベースとベースの間は約27メートルなので、ダイヤモンドを1周すると約108メートル。偶然かもしれませんが、人間の煩悩の数と同じです。

監督就任から10度目の夏、2016年の夏に全国制覇を達成することができました。

このときの日付は8月21日でした。実はこれ、桜島のライブが開かれた日のちょうど12年後だったんですよ。

散々な結果に涙、目覚めた作新学院　バントを使わない野球が生まれた

史上初の春夏連覇、怪物・江川卓伝説——。高校野球史に輝かしい実績を刻んできた作新学院だが、長らく甲子園で勝てない時期があった。古豪復活を遂げたのは2011年。当時、就任5年目の小針監督はバントを使わない攻撃的な采配をふるい、38年ぶりの夏1勝から一気に全国4強まで勝ち進んだ。そこには、背景があった。

2011年、野球ができる喜びをそれまで以上に感じました。3月11日に東日本大震災が発生し、普段通りに練習ができない時期があったからです。

学校がある宇都宮市でも最大震度6強の揺れがありました。家の中がめちゃくちゃになってしまった部員もいて、2週間ほど活動ができませんでした。

再開から数日後、初めての練習試合がありました。甲子園の出場経験がある春日部共栄（埼玉）のグラウンドに出向いて、2試合を戦いました。

結果は散々でした。1試合目が0－8、2試合目も3－16で大敗しました。選手たちはとても悔しかったはずです。自校のグラウンドに戻ると、私が集合をかけたわけではないのに、輪ができていました。

涙ながらに、他の部員に訴えかける3年生がいました。

「こんな自分でごめん。俺、変わるから。みんなも付いてきて欲しい」

遊撃手の佐藤竜一郎です。2年生時から主軸を担っていたチームの中心選手でした。能力が高い分だけ、要領よく練習をこなそうとするところがありました。その様子を見て、私も自然と涙がでました。

やらされる練習より、やる練習です。意欲的に取り組む高校生は、驚くほど伸びます。佐藤だけではなく、その日を境に選手たちの練習に励む姿勢が変わりました。テレビをつければ、東北の被災地では避難所生活を余儀なくされている方々が映っている。野球ができる喜びをかみしめながら、心からうまくなりたいと思って練習してくれました。

その年は、3年生が11人と多くありませんでした。新チーム始動後の成績も、秋が県4強、春は県8強止まり。

周囲には「今年のチームは捨てて来年がんばったらどうだ」と言ってくるような人もいました。腹立たしかったです。3年生は今しかない高校野球を必死でやっている。私も燃えました。

その夏は2年ぶりに甲子園に出場し、49年ぶりに4強まで勝ち進むことができました。準々決勝の智弁学園（奈良）戦は、よく覚えています。九回まで5－6で負けていたのですが、良い予感がありました。九回は2年生の1番、石井一成（現日本ハム）からの攻撃。2番が主将の板崎直人、3番が佐藤でした。

石井が打席に立つ前から、板崎と佐藤を呼びました。「（石井が出塁しても）バントはないぞ。打ってくれ」と。必死に練習してきた3年生の最後の打席にかけたいと思いました。単純な話です。高校最後の打席が、監督に指示されてのバントじゃ、嫌でしょ。目先の勝負より、選手と後悔なく試合をやりきりたい。そんな気持ちでした。

結果は3連打で同点に。佐藤の打球は詰まっていましたが、中前に落ちました。後続にも犠牲フライが出て、逆転勝ちすることができました。

試合では、監督のベンチワークや采配面が注目されます。でも監督の仕事は、プレーボールの前に7、8割は終わっています。試合までに選手を鍛えて成長させること。試合になれば、あとは選手を信じることです。

今井達也に責任感が芽生えた敗戦　作新学院が全国制覇を達成するまで

2016年夏、作新学院はエースの今井達也（現西武）らを擁し、54年ぶりに全国制覇を果たした。だが、この年の春は県大会8強で敗れ、関東大会にも進めなかった。小針監督は「決してレベルの高くなかったチーム」と振り返る。

私も実家が作新学院から徒歩10分ほどの距離にあります。小さい頃から見てくれている地元の人に、高校での活躍を応援してもらえることがうれしかったことを覚えています。

そんなこともあり、作新学院は、ほとんど栃木県内出身の選手で戦っています。何より、「作新に入ってきてやった」という生徒よりも、「作新で野球がやりたい」気持ちで入ってきてくれた選手の方が成長しますからね。

ただ、全国制覇した16年に主将を務めた山本拳輝は前橋市出身で、県外から憧れをもって入学してきてくれた選手でした。技術的には上手ではなかったですが、声がでかくてへこたれない子でした。下級生の頃からミスして先輩に怒られても、「すいません」って明るく言って愛されるような人柄で。それが、チームに浸透していましたね。力はないけど、明るい。野球がうまくなりたいという向上心が強いチームになりました。

2016年夏の甲子園で全国制覇に貢献した作新学院の今井達也選手＝2016年8月21日

投手には、今井と入江大生(現DeNA)がいました。入学当初、二人のキャッチボールのきれいな球筋を見て、「ああいい感じだなぁ。こういう子がプロに行くのかなぁ」と思いました。

ただ、性格は違いました。入江は面白いや

つ。今井はというと、適当なやつでしたね。外野のポール間ダッシュの練習は流していて、半分くらいまでしか全力で走っていませんでした。

新チーム始動直後の秋の県大会は、今井をエースにしましたが、準決勝で1－2で敗れました。今井の暴投が決勝点でした。気持ちが安定していないから、ボールも安定しない。そんな状態でした。この悔しさがきっかけで、自分の投げたボールがチームを左右するという責任感が芽生えたように思います。

投手はマウンドで、ときに仲間の助けを借りずに戦わなければいけないポジションです。自分に向き合ってもらうため、今井にはあえて1人で練習させることもありました。ポール間ダッシュも、黙々と最後まで全力でしっかり走るようになりました。

冬が明け、4月4日の横浜高（神奈川）との練習試合。直球、変化球ともにキレが出てきて、三振もたくさん取れました。この試合で、「夏は今井をエースでいける」と計算が立ちました。

その年は、横浜高の藤平尚真投手（現楽天）、埼玉・花咲徳栄高の高橋昂也投手（広島）、大阪・履正社高の寺島成輝投手（元ヤクルト）が高校投手の「ビッグ3」と呼ばれていました。

今井は夏の活躍で注目されはじめましたが、春は登板がなかったんです。春の県大会では、他の投手にも経験を積ませたいと思い、今井を2桁背番号にしました。代わりに、背番号1にしたのが入江でした。ですが、結果は県8強で敗退。

繰り返しになりますが、投手はマウンドでは1人で戦わなければいけません。その点、入江は面白くて気が良いやつなので、周りに人が集まってきてみんなで仲良く練習するようなタイプでした。それは入江の良い面でもあるのですが、投手として見ると、打者に1人で向かっていく姿勢がまだ足りていませんでした。

この春をきっかけに一塁手に転向させた入江が、甲子園で3試合連続本塁打。今井は自己最速を更新する152キロを計測しました。

高校生の成長速度には、驚かされることばかりです。なにせ、春までは関東大会に進めなかったチームが全国制覇してしまうんですから。

今井達也（いまい・たつや）　１９９８年、栃木県出身。作新学院に進学後、３年夏の甲子園ではエースとして活躍。最速１５２キロの直球を武器に優勝投手となった。同年、U18アジア選手権の代表メンバーに選出され、２大会ぶりの優勝に貢献。２０１６年のドラフト会議で西武から１位指名を受けて入団。プロ２年目の６月に１軍デビューし、19年にはチーム最多の22試合に先発登板。

《興南》
我喜屋優監督

［取材・構成　木村健一］

我喜屋　優（がきや・まさる）　1950年、沖縄県生まれ。興南の主将だった68年夏、全国選手権で沖縄勢初の４強。社会人の大昭和製紙北海道では74年の都市対抗で優勝し、引退後は監督に。2007年、興南の監督に就き、同年夏の選手権に出場。10年、沖縄勢初の選手権制覇と春夏連覇を達成した。
（写真：2018年７月）

「失敗に気づくことに、野球の楽しさ」　宮城大弥を育てた興南の監督

興南（沖縄）の我喜屋優監督が育てた2人のエース左腕が、プロ野球選手になった。2010年の甲子園で春夏連覇に貢献した島袋洋奨《ようすけ》と、17、18年の選手権大会に出場した宮城大弥《ひろや》。育て方には共通点があった。

私は、選手たちの投球フォームを大きくいじったことはありません。彼らの自由度を奪いたくないし、本人にしか分からない感覚があるからです。

選手はロボットではありません。自由に歩かせるからこそ、つまずきます。失敗に気づくことに、野球の楽しさがあります。

島袋は体を大きくひねり、背中を打者へ向けてから投げ込む「トルネード投法」でし

た。体に負担がかからないように、プレートを大きく踏んでいた足を「少しずらしてみてはどうか」と言ったぐらいです。

一方、投手は肩やひじの負荷が大きいので、無理をさせないように気をつけてきました。島袋は10年の選抜大会前、左肩を痛めたことがありました。治療に専念させ、開幕直前の甲子園での練習は見学させました。

選抜大会で優勝した直後の九州大会でも、肩を守るため、一度も投げさせませんでした。控え投手たちに経験を積ませたことで、夏の優勝につながりました。

興南時代の宮城大弥投手＝2019年7月21日

宮城は1年の時から、投手としての力が備わっていました。力強い直球と切れのいいスライダーに、マウンド度胸もありました。フォームについては何もアドバイスしませんでした。「落ちる球を試しに投げてみては？」と言うと、すぐにチェンジアップを覚えました。

ただ、3年夏の沖縄大会決勝は、強引に直球で攻めすぎてしまって延長で敗れ、甲子園出場を逃しました。

彼はオリックスで意識を変え、緩い球も使うことで、プロで成功しています。あの経験を生かしてくれているのだと思います。

宮城大弥（みやぎ・ひろや）　2001年、沖縄県出身。宜野湾市立嘉数中学校時代からU15日本代表に選出される。地元の興南に進学し、1年春からベンチ入り。1年夏と2年夏に甲子園出場。3年夏は沖縄大会決勝で敗れたが、同年のU18W杯で日本代表に選出された。2019年秋のドラフト会議ではオリックスから1位指名を受けて入団。1年目の10月から1軍デビューを果たし、翌年にはリーグ2位の13勝を挙げて新人王に。2023年、WBC日本代表メンバーとして活躍。

コーチになった島袋洋奨　恩師のイズムと今後の夢

我喜屋監督の教え子である島袋さんは高校卒業後、中大に進学し、14年のドラフトでプロ野球のソフトバンクに入団した。19年に引退後、20年から母校の職員として働き、現在は野球部のコーチをしながら教員免許を取るために勉強している。島袋さんに話を聞いた。

高校時代、我喜屋監督が「頑張ったか、頑張っていないかは周りが評価すること。とにかく必死でやりなさい」とおっしゃったんです。

監督はいつも厳しかったけれど、夏の甲子園が終わり、宿舎で「頑張ったな。お疲れさん」と言って、握手をしてくれたんです。そこで初めて、自分は頑張ったんだと実感

優勝を決め、仲間と喜ぶ興南の島袋投手（左）＝2010年8月21日

できて、本当にうれしかったです。

ボールをバックネットに放り始めた大学3年からプロ1年目までは本当にきつかったです。プロは苦しいことしかなかったです。

でも、高校の時に座右の銘にした「初志貫徹」は変えませんでした。

どんなに成績が悪くても、3軍に落ちても、自分がやると決めたこと、例えばダッシュや投げ込みの量。それをやることは最後まで貫き通せたと思っています。設定した目標に近づくための信念でした。

高校も大学もプロに行きたい気持ちでやっていたので、野球しか考えていませんでした。引退して野球が終わった時、野球部の同級生たちは、会計士になったり、起業していたり、警察官になっていたり。自分は野球だけしかしてこなかったので、取り残されてしまった感じがしました。人生のスコアボードはまだ長い。野球はむしろ短い。コーチとしては、選手本人の感覚やバランスがあると思うので、投げ方はそこまで教えないし、変えません。監督もそうしてくれました。投球の組み立てで「どう考えるかバッターと考えてごらん」とアドバイスをしたり、「どんどん腕を振り切って投げた方がよいいんじゃない」と言ったりしています。

直近の夢は教員免許を取って、教員になることです。一日は野球部の朝練に始まり、学校の仕事に、午後の練習。その後、教員免許のための勉強をして、帰宅してから子育てや家事をしています。

島袋洋奨（しまぶくろ・ようすけ）　1992年、沖縄県出身。興南高校へ進学し、1年夏からベンチ入り。3年時の2010年にはエースとして甲子園春夏連覇を成し遂げた。中央大学を経て、2014年秋のドラフト会議でソフトバンクから5位指名を受けて入団。プロ入り後はケガに苦しみ、2019年に戦力外通告を受けて引退。2021年2月から母校・興南高校のコーチに就任。2022年夏にコーチとして甲子園出場を果たした。

できないことを、いかにやるか　甲子園で春夏連覇した興南の教え

2010年に甲子園で春夏連覇を達成した興南の我喜屋監督は雨の日、雨がっぱや長靴で練習させる。夏の甲子園で2連覇した駒大苫小牧（北海道）が始めた雪上練習も、我喜屋監督のアイデアだ。

どうしたら、逆境を乗り越えられるのか。

「雨が降っているから、雪が積もっているから、練習できない」。野球では、こんな言い訳が多くなります。でも、ゴルフは雨の日もお金を払ってプレーするし、サッカーやラグビーは雨や雪でも試合をします。「仕方がない」を「仕方はある」に変えなければいけません。できないことをいかにやるかを考えていくと、工夫や知恵、気づきが生ま

れてきます。

北海道にいた時、駒大苫小牧の香田誉士史《よしふみ》監督（当時）に外で練習できない冬の乗り越え方について、相談されました。

私は大昭和製紙北海道の選手だったころ、冬は雪の上でバットを振り、雪だるまの上に固めた雪球を打っていました。だから、こう言いました。

「雪がどうしたの？　邪魔ならどければいいさ」

北海道では「11月から3月ごろまでは、雪でグラウンドが使えないから仕方ない」という常識があり、選手は体作りに専念していました。それが当たり前だと思っている人は、変えようとしません。

でも、体力づくりだけでなく、技術を磨くことも、対戦相手を想定した練習も大事です。室内練習場にこもるのは、すごくもったいない。そして春が来て、外で走ったり、打ったりすると、ケガが待っている。雪の中でもやろうと思えば、できるのです。

香田監督はブルドーザーで雪をかき、踏み固めた雪のグラウンドでノックを始めました。マウンドや打席にじゅうたんを敷き、投球や打撃の練習もしました。室内でも実戦

雨の中、長靴姿でノックを受ける興南の選手たち＝2009年３月９日

練習を続けました。駒大苫小牧は04、05年の夏の甲子園で連覇しました。北海道では、雪の上でも練習する学校が増えています。

06年夏、駒大苫小牧と早稲田実（東京）の決勝の再試合は、甲子園のアルプス席で観戦しました。試合後、母校の興南から監督就任の要請の電話があり、沖縄に戻りました。

長い梅雨の間、雨の日は選手やコーチからこんな声があがりました。

「グラウンドがぐちゃぐちゃで練習できない」「雨でぬれて風邪をひく」

私はこう言いました。

「なにを言っているの？　長靴をはいたらできる。雨がっぱも着ればいい。北海道は冬でも外で練習しているよ」

長靴姿の選手たちにノックを打ちました。打撃練習は、古くなったボールにテープを巻き、防水加工を施して、ティーバッティング。正面から球を投げれば、試合と同じような実戦練習ができます。選手たちは、苦手な逆方向への打撃練習を続けました。「雨が降ったら練習は休み。バンザイ」ではなく、「雨が降っても、変わらない」になりました。

興南の監督に就いて、たった4カ月で、夏の甲子園に出場できました。10年、雨の日の打撃練習のおかげで主将の我如古《がねこ》盛次《もりつぐ》を筆頭に選手たちは右打ちが得意になり、その年の春夏連覇に貢献してくれました。

コロナ禍でも同じです。全体での練習ができない間、自宅に帰る選手たちには「できないと言うことは、全部言い訳になるよ」と言いました。

こんな練習を勧めました。塁間の約27メートルを4秒以内に到達できるように走る「間一髪セーフ」です。チームメートがいなくても、心の中で秒数を数えて、時間と競争すればいい。

打席の広さがあれば、ボールをイメージして、バットを振れる。球を入れたグラブを持って前後左右にステップを踏めば、ノックの代わりになる。野球場で練習できなくても、浜辺や公園、空き地を見つけて、1人で練習ができる。

こうして練習を工夫することで、22年夏の甲子園に出場できました。嫌なことに立ち向かえば、いつか乗り越えられる。逆境と友だちになれば、それは最後に宝物になります。

散歩、スピーチ、ゴミ拾いで育む五感　逆転を生んだ気づきと第六感

興南高校の野球部では、毎朝、三つのことを続けている。散歩と1分間スピーチ、そしてゴミ拾いだ。我喜屋監督は「野球につながっている」と語る。その理由を聞いた。

散歩は列になって、だらだら歩くのではありません。字のごとく散り散りになって、思い思いのルートを歩きます。スピーチでは、散歩で気づいたことや感じたことを1分間で話してもらいます。言葉で伝えるためには、情報や知識が必要です。

そのために、歩きながら、五感を働かせます。耳を澄ませて、鳥や虫の音を聴く。草花や木々に触れ、香りを嗅ぐ。風や気温の変化を肌で感じる――。自分の足を使って五感を鍛えることは、指でスマートフォンの画面をポンポン押して、情報を集めるよりも、

ずっと大事なことだと思います。

スピーチでは、情報を分析して要点をまとめる力やアナウンサーのように伝える力も欠かせません。野球でも、将来、社会に出てからも、大切な力だと思います。


2010年夏の選手権大会。準決勝の報徳学園戦でエースの島袋洋奨が打ち込まれ、5点を先行されました。選手たちは大量失点を予想していなかったでしょう。でも、焦っていませんでした。

島袋の投球を見ていた選手たちは「真っすぐを投げすぎている」「変化球を使って間を取ろう」と伝えていました。私が言う前に、相手の直球狙いの打撃に気づいていたのです。

バッテリーは意見を素直に聞き、普段の投球から切り替えました。スピーチで他の人の話をしっかりと聞いてきたからこそ、できたのだと思います。島袋は三回以降、無失点で切り抜けました。

この夏の選手権大会では、4番の真栄平大輝《まえひらだいき》の打撃が不調でした。OBや関係者からは、「彼を外した方がよいのでは」と言われました。だが、私は外しませんでした。基本中の基本、根っこの部分がしっかりできていたからです。

朝の散歩では、ゴミを拾います。ゴミは誰かが失敗して、落としたものです。三塁手がエラーしたら、左翼手がカバーする。ゴミを拾うのは、野球のカバーリングと同じです。ゴミを拾うのは、街がきれいになるだけではありません。心もすっきりします。真栄平は、いつも落ちているゴミに気づき、両手で持って帰ってきました。ゴミを見て見ないふりは決してしない。やがて、ゴミ袋をポケットにしのばせるようになりました。

野球も同じです。彼はいつも一塁の守りや攻撃中のベンチから、大声を出して仲間を奮い立たせたり、ミスには「ドンマイ」と励ましたりしていました。打てない4番ではなくて、精神的に引っ張る4番だったのです。

根っこの部分をしっかりと見ているのは、OBや関係者ではなく、監督やコーチです。真栄平は報徳学園戦の七回、勝ち越しの適時打を放ちました。

散歩で鍛えた五感を働かせることで、勝負勘ともいえる「第六感」が鍛えられます。

6－5で迎えた報徳学園戦の九回の守り。先頭は、この日3安打と当たっている左打者でした。3安打はすべて中堅から左方向に放っていました。

しかし、二塁手の国吉大陸は一塁方向に寄っていました。右翼手の銘苅《めかり》圭介が「長打が欲しくて引っ張ろうとする」と勘を働かせ、指示していたのです。

春夏連覇を達成し、マウンドに集まって喜ぶ興南の選手たち＝2010年8月21日

国吉は一、二塁間を抜けそうな打球を回り込んでつかみ、アウトにしました。無失点で切り抜け、試合終了。勝利をつかみました。
この年の春の選抜大会で優勝した翌朝。宿舎近くの公園での1分間スピーチで、主将の我如古盛次はこう言っていました。

「桜がきれいに咲いているけれど、いずれは散ります。でも、しっかり根を張っていれば、また花を咲かせられます」
根っこづくりをしっかりすれば、必ず花は咲き、実を結びます。

本文中の選手および監督の所属・肩書は、2023年6月時点のものです

おわりに

毎日の取材は、記者一人ひとりの好奇心や疑問から始まります。それは、高校野球の取材でも変わりません。

「なぜ、こんな練習をしているのだろう」

「どうして、あのサインを出したのだろう」

「あのプロ野球選手の高校時代は、どんな生徒だったのだろう」

この本のもとになった朝日新聞の連載、「名将メソッド（2023年春から〝高校野球メソッド〟に改題して連載中）」は、高校野球を専門的に取材した経験のあるスポーツ部の記者たちが、そんな「なぜ」「どうして」というボールを、監督たちに投げかけていきました。そして、監督たちは、私たちの投げたボールを真正面から受け止め、「答え」として投げ返してくれました。改めて、取材に応じてくださったすべての監督に、心より感謝申し上げます。

こうして1冊の本になり、読み返してみて思うのは、悩み、惑いながらも、常に生徒たちのことを考え、寄り添おうとする監督たちの強い意志です。そして、自ら学び、失敗を繰り返さないと誓う姿勢に、心を打たれます。

九州学院（熊本）の坂井宏安前監督は、なぜ学び続けるのか、その理由を端的に話してくれました。

「指導者の理想は『ドラえもん』。一人ひとりの性格や個性に合わせた指導法を、ポケットからパッと出せなきゃいけない。そのためには何歳になっても勉強しないといけない」

創志学園（岡山）の門馬敬治監督は、複数投手を育成し、極力疲れをためないように細心の注意を払っています。東海大相模（神奈川）の監督だったときに菅野智之投手（巨人）を酷使した過去を、悔いているからです。

「試合で力を発揮するために状態は細かく観察するようになりました。グラウンドの中だけでは分かりません。だから、授業や学校での生活も重要なんです」

取材したすべての監督たちが、日々、何か成長できないかと、ヒントを探していました。この探究心が、高校野球を進化させ、100年以上続いている理由の一つであろうと感じています。

2023年は日本の球界、いや、それにとどまらず多くの人たちが、野球日本代表「侍ジャパン」の、3大会ぶり3度目となるワールド・ベースボール・クラシック（WBC）制覇に沸きました。世界一の頂に立った侍たちの足元には、社会人、独立リーグ、大学生、高校生、中学生、小学生へと至る、日本野球の広大な裾野がつながっていることは、言うまでもありません。

しかし、その裾野がいま、急速に狭まってきています。特に、小学生年代、中学生年代の野球人口は少子化を上回るペースで、どんどん減っています。原因の一つに、指導者たちの暴力や暴言、旧態依然とした非科学的な指導があります。

智弁和歌山の高嶋仁前監督は、生徒を蹴って、謹慎処分を受けた過去を赤裸々に明かしてくれました。詳しい内容は本文中に譲りますが、その後、「指導力不足やった」と過ちを認め、反省し、暴力を排除した指導を模索していきます。

完璧な人間はいません。間違えたとき、間違いに気づいたとき、どう行動するか。他者の話を聞く、自らの行為を省みて、改善する。野球に携わるすべての人たちが、そんな思考と態度になれたとき、もっと明るく、楽しい球音が、響くようになるでしょう。

この本が、日本の野球をさらに魅力あるものにするための一助となれば、読んでいただいた方の日々の生活に新しい視点を提供することになれば、取材し、執筆した記者にとって、このうえない喜びです。

最後になりましたが、新書化にあたり、関係各所の調整にご尽力いただいた朝日新聞ネットワーク報道本部の藤島真人統括マネジャー代理、前田大輔次長、そして、宇都宮健太朗さん、飯塚大和さんをはじめ、朝日新聞出版の皆様に厚く御礼申し上げます。

2023年6月、沖縄から第105回大会の始まりを告げる球音と歓声が届いた日に。

朝日新聞東京本社　スポーツ部次長　山下弘展

朝日新書
917

高校《こうこう》野球《やきゅう》　名将《めいしょう》の流儀《りゅうぎ》

世界一の日本野球はこうして作られた

2023年 8 月30日 第 1 刷発行

著　者　朝日新聞スポーツ部

発行者　宇都宮健太朗
カバーデザイン　アンスガー・フォルマー　田嶋佳子
印刷所　凸版印刷株式会社
発行所　朝日新聞出版
〒104-8011　東京都中央区築地 5-3-2
電話　03-5541-8832（編集）
　　　03-5540-7793（販売）

Published in Japan by Asahi Shimbun Publications Inc.
ISBN 978-4-02-295229-5
定価はカバーに表示してあります。
落丁・乱丁の場合は弊社業務部(電話03-5540-7800)へご連絡ください。
送料弊社負担にてお取り替えいたします。